A Revolução Venezuelana

REVOLUÇÕES
DO SÉCULO 20

FUNDAÇÃO EDITORA DA UNESP

Presidente do Conselho Curador
Mário Sérgio Vasconcelos

Diretor-Presidente
Jézio Hernani Bomfim Gutierre

Superintendente Administrativo e Financeiro
William de Souza Agostinho

Conselho Editorial Acadêmico
Danilo Rothberg
João Luís Cardoso Tápias Ceccantini
Luiz Fernando Ayerbe
Marcelo Takeshi Yamashita
Maria Cristina Pereira Lima
Milton Terumitsu Sogabe
Newton La Scala Júnior
Pedro Angelo Pagni
Renata Junqueira de Souza
Rosa Maria Feiteiro Cavalari

Editores-Adjuntos
Anderson Nobara
Leandro Rodrigues

Gilberto Maringoni

A Revolução Venezuelana

Coleção Revoluções do Século XX
Direção de Emília Viotti da Costa

editora
unesp

© 2008 Editora Unesp

Direitos de publicação reservados à:
Fundação Editora da Unesp (FEU)
Praça da Sé, 108
01001-900 – São Paulo – SP
Tel.: (0xx11) 3242-7171
Fax: (0xx11) 3242-7172
www.editoraunesp.com.br
www.livrariaunesp.com.br
feu@editora.unesp.br

CIP-Brasil. Catalogação na fonte
Sindicato Nacional dos Editores de Livros, RJ

M289r

Maringoni, Gilberto

A Revolução Venezuelana/Gilberto Maringoni. — São Paulo: Editora Unesp, 2009.
il., mapa — (Revoluções do século XX / Emília Viotti da Costa)

Inclui bibliografia
ISBN 978-85-7139-904-4

1. Venezuela — História. 2. Mudança social — Venezuela — História — Século XX. I. Costa, Emília Viotti da. II. Título. III. Série.

09-0193.   CDD: 987.063
                                                                                                   CDU: 94(87)

Editora afiliada:

Asociación de Editoriales Universitarias
de América Latina y el Caribe

Associação Brasileira de
Editoras Universitárias

Apresentação da coleção

O século XIX foi o século das revoluções liberais; o XX, o das revoluções socialistas. Que nos reservará o século XXI? Há quem diga que a era das revoluções está encerrada, que o mito da Revolução que governou a vida dos homens desde o século XVIII já não serve como guia no presente. Até mesmo entre pessoas de esquerda, que têm sido ao longo do tempo os defensores das ideias revolucionárias, ouve-se dizer que os movimentos sociais vieram substituir as revoluções. Diante do monopólio da violência pelos governos e do custo crescente dos armamentos bélicos, parece a muitos ser quase impossível repetir os feitos da era das barricadas.

Por toda parte, no entanto, de Seattle a Porto Alegre ou Mumbai, há sinais de que hoje, como no passado, há jovens que não estão dispostos a aceitar o mundo tal como se configura em nossos dias. Mas quaisquer que sejam as formas de lutas escolhidas, é preciso conhecer as experiências revolucionárias do passado. Como se tem dito e repetido, quem não aprende com os erros do passado está fadado a repeti-los. Existe, contudo, entre as gerações mais jovens, uma profunda ignorância desses acontecimentos tão fundamentais para a compreensão do passado e a construção do futuro. Foi com essa ideia em mente que a Editora Unesp decidiu publicar esta coleção. Esperamos que os livros venham a servir de leitura complementar aos estudantes da escola média, universitários e ao público em geral.

Os autores foram recrutados entre historiadores, cientistas sociais e jornalistas, norte-americanos e brasileiros, de posições políticas diversas, cobrindo um espectro que vai do centro até a esquerda. Essa variedade de posições foi conscientemente buscada. O que perdemos, talvez, em consistência, esperamos ganhar na diversidade de interpretações que convidam à reflexão e ao diálogo.

Para entender as revoluções no século XX, é preciso colocá-las no contexto dos movimentos revolucionários que se desencadearam a partir da segunda metade do século XVIII, resultando na destruição final do Antigo Sistema Colonial e do Antigo Regime. Apesar das profundas diferenças, as revoluções posteriores procuraram levar a cabo um projeto de democracia que se perdeu nas abstrações e contradições da Revolução de 1789 e se tornou o centro das lutas do povo a partir daí. De fato, o século XIX assistiu a uma sucessão de revoluções inspiradas na luta pela independência das colônias inglesas na América e na Revolução Francesa.

Em 4 de julho de 1776, as treze colônias que vieram inicialmente a constituir os Estados Unidos da América declaravam sua independência e justificavam a ruptura do Pacto Colonial. Em palavras candentes e profundamente subversivas para a época, afirmavam a igualdade dos homens e apregoavam como seus direitos inalienáveis: o direito à vida, à liberdade e à busca da felicidade. Afirmavam que o poder dos governantes, aos quais cabia a defesa daqueles direitos, derivava dos governados. Portanto, cabia a estes derrubar o governante quando ele deixasse de cumprir sua função de defensor dos direitos e resvalasse para o despotismo.

Esses conceitos revolucionários que ecoavam o Iluminismo foram retomados com maior vigor e amplitude treze anos mais tarde, em 1789, na França. Se a Declaração de Independência das colônias americanas ameaçava o sistema colonial, a Revolução Francesa viria pôr em questão todo o Antigo Regime, a ordem social que o amparava, os privilégios da aristocracia, o sistema de monopólios, o absolutismo real, o poder divino dos reis.

Não por acaso, a Declaração dos Direitos do Homem e do Cidadão, aprovada pela Assembleia Nacional da França, foi redigida pelo marquês de La Fayette, francês que participara das lutas pela independência das colônias americanas. Este contara com a colaboração de Thomas Jefferson, que se encontrava na França, na ocasião como enviado do governo americano. A Declaração afirmava a igualdade dos homens perante a lei. Definia como seus direitos inalienáveis a liberdade, a propriedade, a segurança e a resistência à opressão, sendo a preservação desses direitos o objetivo de toda associação política. Estabelecia que ninguém poderia ser privado de sua propriedade, exceto em casos de evidente necessidade pública legalmente comprovada, e desde que fosse prévia e justamente indenizado. Afirmava ainda a soberania da nação e a supremacia da lei. Esta era definida como expressão da vontade geral e deveria ser igual para todos. Garantia a liberdade de expressão, de ideias e de religião, ficando o indivíduo responsável pelos abusos dessa liberdade, de acordo com a lei. Estabelecia um imposto aplicável a todos, proporcionalmente aos meios de cada um. Conferia aos cidadãos o direito de, pessoalmente ou por intermédio de seus representantes, participar na elaboração dos orçamentos, ficando os agentes públicos obrigados a prestar contas de sua administração. Afirmava ainda a separação dos poderes.

Essas declarações, que definem bem a extensão e os limites do pensamento liberal, reverberaram em várias partes da Europa e da América, derrubando regimes monárquicos absolutistas, implantando sistemas liberal-democráticos de vários matizes, estabelecendo a igualdade de todos perante a lei, adotando a divisão dos poderes (legislativo, executivo e judiciário), forjando nacionalidades e contribuindo para a emancipação dos escravos e a independência das colônias latino-americanas.

O desenvolvimento da indústria e do comércio, a revolução nos meios de transportes, os progressos tecnológicos, o processo de urbanização, a formação de uma nova classe social – o proletariado – e a expansão imperialista dos países europeus na África e na Ásia geravam deslocamentos, conflitos sociais e guerras em várias partes do mundo. Por toda a parte os grupos excluídos defrontavam-se com novas oligarquias que não atendiam às suas necessidades e não respondiam aos seus anseios. Estes extravasavam em lutas visando a tornar mais efetiva a promessa democrática que a acumulação de riquezas e poder nas mãos de alguns, em detrimento da maioria, demonstrara ser cada vez mais fictícia.

A igualdade jurídica não encontrava correspondência na prática; a liberdade sem a igualdade transformava-se em mito; os governos representativos representavam apenas uma minoria, pois a maioria do povo não tinha representação de fato. Um após outro, os ideais presentes na Declaração dos Direitos do Homem foram revelando seu caráter ilusório. A resposta não se fez tardar.

Ideias socialistas, anarquistas, sindicalistas, comunistas, ou simplesmente reformistas apareceram como críticas ao mundo criado pelo capitalismo e pela liberal-democracia. As primeiras denúncias ao novo sistema surgiram contemporaneamente à Revolução Francesa. Nessa época, as críticas ficaram restritas a uns poucos revolucionários mais radicais, como Gracchus Babeuf. No decorrer da primeira metade do século XIX, condenações da ordem social e política criada a partir da Restauração dos Bourbon na França fizeram-se ouvir nas obras dos chamados socialistas utópicos, como Charles Fourier (1772-1837), o conde de Saint-Simon (1760-1825), Pierre Joseph Proudhon (1809-1865), o abade Lamennais (1782-1854), Étienne Cabet (1788-1856), Louis Blanc (1812-1882), entre outros. Na Inglaterra, Karl Marx (1818-1883) e seu companheiro Friedrich Engels (1820-1895) lançavam-se na crítica sistemática ao capitalismo e à democracia burguesa, e viam na luta de classes o motor da história e, no proletariado, a força capaz de promover a revolução social. Em 1848, vinha à luz o *Manifesto comunista*, conclamando os proletários do mundo a se unirem.

Em 1864, criava-se a Primeira Internacional dos Trabalhadores. Três anos mais tarde, Marx publicava o primeiro volume de *O capital*. Enquanto isso, sindicalistas, reformistas e cooperativistas de toda espécie, como Robert Owen, tentavam humanizar o capitalismo. Na França, o contingente de radicais aumentara bastante, e propostas radicais começaram a mobilizar um maior número de pessoas entre as populações urbanas. Os socialistas, derrotados em 1848, assumiram a liderança por um breve período na Comuna de Paris, em 1871, quando foram novamente vencidos. Apesar de suas derrotas e múltiplas divergências entre os militantes, o socialismo foi ganhando adeptos em várias partes do mundo. Em 1873, dissolvia-se a Primeira Internacional. Marx faleceu dez anos mais tarde, mas sua obra continuou a exercer poderosa influência. O segundo volume de *O capital* saiu em 1885, dois anos após sua morte, e o terceiro, em 1894. Uma nova Internacional foi fundada em 1889. O movimento em favor de uma mudança radical ganhava um número cada vez maior de participantes, em várias partes do mundo, culminando na Revolução Russa de 1917, que deu início a uma nova era.

No início do século XX, o ciclo das revoluções liberais parecia definitivamente encerrado. O processo revolucionário, agora sob inspiração de socialistas e comunistas, transcendia as fronteiras da Europa e da América para assumir caráter mais universal. Na África, na Ásia, na Europa e na América, o caminho seguido pela União Soviética alarmou alguns e serviu de inspiração a outros, provocando debates e confrontos internos e externos que marcaram a história do século XX, envolvendo a todos. A Revolução Chinesa, em 1949, e a Cubana, dez anos mais tarde, ampliaram o bloco socialista e forneceram novos modelos para revolucionários em várias partes do mundo.

Desde então, milhares de pessoas pereceram nos conflitos entre o mundo capitalista e o mundo socialista. Em ambos os lados, a historiografia foi profundamente afetada pelas paixões políticas suscitadas pela Guerra Fria e deturpada pela propaganda. Agora, com o fim da Guerra Fria, o desaparecimento da União Soviética e a participação da China em instituições até recentemente controladas pelos países capitalistas, talvez seja possível dar início a uma reavaliação mais serena desses acontecimentos.

Esperamos que a leitura dos livros desta coleção seja, para os leitores, o primeiro passo numa longa caminhada em busca de um futuro, em que liberdade e igualdade sejam compatíveis e a democracia seja a sua expressão.

Emília Viotti da Costa

Sumário

Lista de abreviaturas *17*

1. Introdução *19*

2. O referendo *27*

3. Petróleo, petróleo, petróleo *43*

4. A ditadura de Pérez Jiménez *57*

5. Punto Fijo *61*

6. A quebra *69*

7. A esquerda venezuelana *77*

8. Agitação nos quartéis *85*

9. Quinze minutos de fama *91*

10. O fim do pacto *103*

11. O governo Chávez *113*

12. O golpe *123*

13. A trama se desfaz *133*

14. Sabotagem petroleira *139*

15. Recuperando a legitimidade *145*

16. Várias frentes *153*

17. Que tipo de líder é Chávez? *165*

18. Para onde vai a Venezuela? *171*

19. Inconclusões *185*

Bibliografia *191*

Para Adelina

Lista de Abreviaturas

Ação Democrática (AD)
Área de Livre Comércio das Américas (Alca)
Banco Central da Venezuela (BCV)
Central de Trabalhadores da Venezuela (CTV)
Comitê de Organização Política Eleitoral Independente (Copei)
Compañía Anónima Nacional de Teléfonos de Venezuela (Cantv)
Comissão Econômica para a América Latina e o Caribe (Cepal)
Comissão para a Reforma do Estado (Copre)
Comunidade Andina de Nações (CAN)
Confederação Venezuelana do Trabalho (CVT)
Conselho Nacional Eleitoral (CNE)
Convenção Nacional de Trabalhadores (CNT)
Corporação Venezuelana do Petróleo (CVP)
Exército de Libertação do Povo da Venezuela (ELPV)
Federação de Câmaras e Associações de Comércio e Produção da Venezuela (Fedecámaras)
Federação dos Trabalhadores no Petróleo (Fedepetrol)
Federação Nacional de Associações Pesqueiras (Fenapesca)
Forças Armadas Nacionais (FAN)
Forças Armadas Revolucionárias da Colômbia (Farc)
Fundo de Desenvolvimento (Fonden)

Fundo Monetário Internacional (FMI)
Fundo Nacional para a Democracia (National Endowment for Democracy)
Juventude de Ação Católica (JAC)
La Causa Radical (LCR)
Movimento ao Socialismo (MAS)
Movimento Bolivariano Revolucionário 200 (MBR-200)
Movimento de Esquerda Revolucionária (MIR)
Movimento Eleitoral do Povo (MEP)
Movimento Quinta República (MVR)
Organização dos Países Produtores de Petróleo (Opep)
Organização Venezuelana (Orve)
Partido Comunista de Venezuela (PCV)
Partido da Revolução Venezuelana (PRV)
Partido Democrático Nacional (PDN)
Partido Democrático Venezuelano (PDV)
Partido Pátria para Todos (PPT)
Partido Socialista Unificado da Venezuela (PSUV)
Petróleos de Venezuela S. A. (PDVSA)
Podemos – Por la Democracia Social
Rádio Caracas de Televisão (RCTV)
Sociedade Interamericana de Prensa (SIP)
Superintendência Nacional de Bancos e outras Instituições Financeiras (Sudeban)
Televisora Venezuelana Social (Teves)
Unión Popular Venezolana (UPV)
União Republicana Democrática (URD)
Venezuelana Internacional de Aviação Sociedade Anônima (Viasa)

Introdução
Revolução?

Esta Coleção é dedicada às revoluções do século XX. Este é um livro focado na Venezuela. Além disso, os eventos aqui tratados integram um processo político ainda em curso, o que torna a maioria das conclusões alinhavadas adiante imersas no movediço terreno do tempo imediato. Mesmo assim, vale, de saída, formular a pergunta: houve uma revolução venezuelana no século passado, ou há lá um processo desse tipo no início deste século XXI?

Trata-se de grande polêmica. O presidente do país, o ex-tenente-coronel do Exército Hugo Rafael Chávez Frias, eleito em dezembro de 1998 e reeleito mais duas vezes, argumenta conduzir uma revolução. Nenhum outro mandatário em todo o mundo venceu tantas disputas nas urnas em tão pouco tempo. São doze vitórias eleitorais, entre referendos, escolhas de presidente, governadores, prefeitos, deputados e vereadores, entre 1998 e 2006. Em dezembro de 2007, Chávez foi derrotado, por pequena margem, em um plebiscito sobre a reforma constitucional. Em toda parte e em todas as campanhas, a defesa de *la revolución* está presente. É quase uma marca de seus discursos.

Tomemos um exemplo. Em 10 de outubro de 2001, falando no anfiteatro da Sorbonne, em Paris, o dirigente assim definiu sua ação política:

> O que é esse processo? Uma sequência de transições. ... Trata-se de uma mudança de situação, para não ficarmos nas mudanças de Lampedusa, em que tudo muda para que continue igual.[1]

---

[1] Chávez refere-se aqui ao escritor italiano Giuseppe Tomasi di Lampedusa (1896-1957), autor de *O leopardo*, magnífico romance sobre a vida política

... Não, não se trata de uma transformação. É mais estrutural, um fenômeno mais integral e pleno que isso; é uma revolução, não há outro caminho a não ser uma revolução. A América Latina não tem outro caminho se não a revolução.

Ao longo do século passado, a Venezuela foi palco de revoltas, rebeliões, golpes e conflitos violentos. Nenhum desses eventos pode, com segurança, ser chamado de *revolução*.

Chávez tem vários méritos, entre eles, o da ousadia. Pode-se não gostar dele, de sua eloquência abrasiva e de suas opções políticas. Mas não se pode desdenhar sua imensa capacidade de surpreender. Quando ele chegou ao palácio de Miraflores, em janeiro de 1999, *revolução* era um conceito tido como obsoleto. A queda do Muro de Berlim, em 1989, a derrota eleitoral dos sandinistas na Nicarágua, em 1990, o desmanche da União Soviética, em 1991, e a supremacia do modelo neoliberal em quase todo o mundo, acuaram as forças que pregavam mudanças na ordem social. A própria ideia de *revolução*, no sentido de uma transformação radical da realidade, foi colocada em xeque.

O que é uma revolução, afinal? As definições sobre o que seria uma mudança de tal natureza foram bem sintetizadas por Caio Prado Júnior:

> Revolução, em seu sentido real e profundo, significa o processo histórico assinalado por reformas e modificações econômicas, sociais e políticas sucessivas que, concentradas em período histórico relativamente curto, vão dar em transformações estruturais da sociedade, e em especial das relações econômicas e do equilíbrio recíproco das diferentes classes e categorias sociais.[2]

---

e social da Sicília na segunda metade do século XIX. A frase "Se queremos que tudo fique como está, é preciso que tudo mude" é pronunciada pelo jovem Tancredi, sobrinho de don Fabrizio Corbera, príncipe de Salina. O contexto é um diálogo sobre a decadência da aristocracia. Ver Lampedusa, Giuseppe Tomasi di. *O leopardo*, Rio de Janeiro: Difel, 1961, p.33.

[2] Prado Jr., Caio. *A revolução brasileira*. São Paulo: Brasiliense, 1987, p.11.

O *Dicionário de política*, organizado por Norberto Bobbio, afirma que: "A revolução só se completa com a introdução de profundas mudanças nos sistemas político, social e econômico".[3]

Alterações de tal magnitude na ordem social foram descartadas nas últimas duas décadas. A possível inviabilidade de tais processos foi argumentada especialmente em dois livros de grande sucesso na primeira metade da década de 1990.

O primeiro foi *O fim da história e o último homem* (1992), do sociólogo norte-americano Francis Fukuyama.[4] Sua tese principal é a de que o capitalismo e a democracia liberal representam o ápice da história humana. Não haveria espaço para nenhuma alternativa, tanto no terreno da política quanto no da economia. Possíveis mudanças sociais seriam, dali por diante, gradativas e sem sobressaltos qualitativos.

A segunda obra foi *A utopia desarmada* (1994), do cientista político mexicano Jorge Castañeda,[5] posteriormente secretário de Relações Internacionais do governo conservador de Vicente Fox (2000-2006). Nela, o autor escreve que

> A própria ideia de revolução, durante décadas crucial para o pensamento radical latino-americano, perdeu seu significado. ... A ideia de revolução murchou porque seu resultado tornou-se indesejável ou inimaginável.[6]

Publicados simultaneamente em vários países, os livros fizeram a festa dos setores conservadores e de parcela da esquerda que transitou para a direita. Ali estavam sistematizadas uma suposta teoria e uma justificativa racional para a implantação das doutrinas ultraliberais, que possibilitariam um transfor-

---

[3] Pasquino, Gianfranco. "Revolução". In: Bobbio, Norberto et al. *Dicionário de política*. Brasília: LGE/Editora UnB, 2004, p.1121.

[4] Fukuyama, Francis. *O fim da história e o último homem*. Rio de Janeiro: Rocco, 1992.

[5] Castañeda, Jorge. *A utopia desarmada*. São Paulo: Companhia das Letras, 1994.

[6] Ibidem, p.205-6.

mismo sem culpas de setores outrora progressistas. *Revolução* tornara-se um conceito banido não apenas da pauta política, mas dos estudos acadêmicos.

Quando Chávez, no poder, trouxe à baila um conceito tido como fora de moda, o neoliberalismo passava por maus momentos. As quebras sucessivas das economias mexicana (1994), tailandesa (1997), russa (1998) e brasileira (1999) evidenciaram a inconsistência do livre-mercado como regulador sistêmico. A nova situação, de prometida abundância, fora classificada pelo ex-presidente brasileiro Fernando Henrique Cardoso como um "novo Renascimento".[7] Em que pese a farta propaganda midiática daqueles anos, a difundir as supostas maravilhas das privatizações, da redução do papel social do Estado e da eficiência dos "choques de gestão", os ventos pareciam mudar. O descontentamento popular com a elevação exponencial das taxas de desemprego, preços dos serviços públicos privatizados e promessas não realizadas desembocou, nos anos seguintes, na vitória de Chávez e nas eleições de outros líderes que defendiam mudanças em vários países da América Latina.

A audácia do venezuelano foi exibida não apenas em seus atos iniciais, mas ao recolocar na agenda política a palavra maldita. *Revolução* foi um tema central na ofensiva desencadeada a partir de Miraflores, o palácio de governo, ao longo do tempo. Trata-se de uma luta política e ideológica de envergadura, como se dizia em outros tempos.

Com isso tudo, Chávez lidera mesmo uma *revolução* em seu país?

O vocábulo foi usado e dele se abusou ao longo do último século na América Latina. Serviu para designar enfrentamentos violentos que, muitas vezes, nada tinham a ver com as transformações radicais. Para não irmos longe, basta lembrar que a direita propagou o golpe de 1964, no Brasil, como uma *revolução*. Várias rebeliões e golpes de Estado foram classificados como

---

[7] "FHC vê novo Renascimento e evita falar em desemprego", *Folha de S. Paulo*, 18/12/1997.

revoluções, algo muito mais complexo que uma troca de governo. Como já dissemos, processos assim implicam mudanças profundas na estrutura de poder das sociedades e as crises revolucionárias representam o desenlace de impasses e disputas gestadas muitas vezes em décadas de conflitos e contradições.[8] Desse ponto de vista, é bem possível que a Venezuela tenha chegado perto de situações revolucionárias em 1959, época da derrubada da ditadura do general Marcos Pérez Jimenez, e em 2002, quando milhões foram às ruas defender a volta de Chávez, após o golpe de Estado de 11 de abril. Houve também um ponto de inflexão na história do país, em fevereiro de 1989, quando multidões enfurecidas tomaram as ruas, protestando contra um pacote econômico acertado entre o governo da época e o Fundo Monetário Internacional (FMI). A parte visível foi dada por quebra-quebras e saques a lojas e supermercados. A repressão foi brutal. A conta dos mortos é motivo de controvérsias até hoje. É possível que os cadáveres tenham chegado a 1,5 mil. O episódio, conhecido como Caracazo, rompeu um pacto de convivência social em um país tido como tolerante e democrático e tornou-se decisivo na conformação da situação que levou Chávez ao governo. Esses três acontecimentos poderiam desembocar em rupturas estruturais na sociedade venezuelana. Todavia, isso não aconteceu. Mas ficaram marcas profundas que serão tratadas em mais detalhes nas próximas páginas.

A situação de crise aguda que acometeu a Venezuela após a década de 1980, quando os preços internacionais do petróleo desabaram, independe de Chávez. Mas seus desdobramentos, ao contrário, têm no presidente um condutor fundamental.

Há duas causas centrais para isso. A primeira é que a encruzilhada histórica que se manifesta na Venezuela faz parte de uma grande onda de revoltas, rebeliões e levantes populares

---

[8] Não é intenção deste livro a teorização e a categorização dos diversos tipos de crises revolucionárias e de revoluções. Uma excelente contribuição a esse debate é o livro de Valério Arcary, *As esquinas perigosas da história*. São Paulo: Xamã, 2004.

que têm-se manifestado na América Latina, como consequência das políticas neoliberais aplicadas após o advento do Consenso de Washington, em 1989. Essa vaga passa pela rebelião indígena, no Equador em 2000, e pela vitória de Rafael Correa, cinco anos depois, pela queda de Fernando de la Rúa, na Argentina em 2001, pela luta contra as privatizações no Peru em 2002, pelo levante popular boliviano de 2003 e pelas eleições de Evo Morales, na Bolívia em 2005, e de Fernando Lugo no Paraguai, em 2008. Em menor grau, essa situação possibilitou as vitórias de Luiz Inácio Lula da Silva, no Brasil em 2002, de Tabaré Vázquez, no Uruguai em 2004 e de Daniel Ortega, na Nicarágua em 2006. Ao mesmo tempo, a situação venezuelana tem profundas particularidades e características de crise de longo curso.

A longa degringolada do país não gerou uma organização social ou movimentos populares fortes. Crise profunda e repressão selvagem criam medo e revolta, mas não organizam pessoas. A sociedade venezuelana, anos depois da vitória de Chávez, permanece fragmentada e sem canais de participação plenamente democráticos. O movimento sindical e popular tem poucas entidades realmente representativas e os partidos políticos não chegam a formar verdadeiras correntes de opinião. É bem possível que a baixa industrialização e a incipiente organização econômica da Venezuela contribuam para tal quadro social. Não é à toa que o golpe de 2002 foi capitaneado pelos meios de comunicação, pelo Exército e por setores do empresariado. Não havia partidos envolvidos diretamente. O descrédito dos canais de participação popular é algo que vai muito além da ação do governo.

Chávez tornou-se, poucos meses após a posse, na maior novidade em um continente pontilhado de mudanças que, na maioria dos casos, nunca acontecem. Sua atividade incessante, com erros e acertos, visa a evidenciar pelo menos a possibilidade de almejar algo diverso do receituário financeiro-liberal como política pública. Sua exuberante personalidade política, criativa, imprevisível, espirituosa, irreverente e, por vezes, egocêntrica e inconveniente, seguramente é incômoda a vários setores.

Não está claro ainda qual será seu rumo futuro, assim como não é totalmente clara sua meta política mais avançada. O ex-tenente-coronel tem a sensibilidade de perceber que algo se move em sua terra, algo bem mais profundo do que as manifestações superficiais de descontentamento popular. Soube até aqui interpretar e canalizar a energia desencadeada pelo colapso de um pacto de classes, firmado em 1961, e as mudanças em andamento na sociedade de seu país. Busca, a partir da conquista de uma parcela do aparelho de Estado – o governo federal –, radicalizar o enfrentamento com setores das classes dominantes tradicionais, que o odeiam, mantendo um diálogo constante e por vezes tenso com a parcela mais pobre da sociedade.

A roda da história gira acelerada na Venezuela, mas ainda não é possível emitir um juízo imediato sobre a natureza do processo político local. Nos próximos capítulos, tentaremos ver quais são os objetivos maiores do mandatário venezuelano e aonde ele pensa chegar. As transformações maiores na economia caminham devagar, embora sejam inéditas nas últimas três décadas. Chávez retirou a estatal Petróleos de Venezuela S. A. (PDVSA) das mãos da elite econômica que a controlava de forma subordinada aos interesses das grandes corporações internacionais. Ampliou, além disso, os direitos das populações indígenas e dos pobres no país. E não apenas interrompeu a senda privatista seguida pela maioria dos governos continentais, como deu início a um processo de reestatização e nacionalização de empresas e riquezas nacionais. Em outras conjunturas, tais reformas seriam tímidas. Em tempos de hegemonia neoliberal, afiguram-se como ousadas.

Em 2007, houve a não renovação do sinal televisivo da Rádio Caracas de Televisão (RCTV), episódio polêmico que tocou em interesses dos monopólios das comunicações. Empresas anteriormente privatizadas foram recompradas pelo Estado, num movimento contrário ao liberalismo reinante em boa parte do mundo. No entanto, as classes dominantes tradicionais, embora alijadas dos principais postos do poder estatal, continuam com a maior parte de seus privilégios intocados. O poder real dos grandes monopólios não foi afetado e a dívida pública continua sendo britanicamente paga.

Em meio a tais enfrentamentos, Chávez acumula forças, tenta compensar desgastes e aproveita-se de uma alta estrutural dos preços do petróleo. Mas suas iniciativas ainda não atingiram as camadas mais importantes da institucionalidade. O Estado continua ineficiente, lerdo, corrupto e avesso às interferências populares. Uma série de iniciativas, batizadas de *missões*, busca compensar tais insuficiências, nos terrenos de saúde, educação, abastecimento, entre outras. Mas são ações emergenciais que não significam uma mudança de qualidade nos negócios públicos.

As limitações da ação do governo Chávez são as limitações da esquerda mundial pós-1989. A Venezuela é, com todos os problemas, o país onde mais se avançou, nesse período, na contestação ao neoliberalismo e no questionamento do poder global dos Estados Unidos. O presidente literalmente tateia no escuro, em meio a uma situação mundial adversa.

É um quadro complicado e fascinante. Se essa situação pode desembocar em uma crise revolucionária ou não, no sentido de uma radical mudança nos fundamentos da sociedade, é algo que só o tempo – e a luta política – dirá. A revolução venezuelana ainda está por acontecer.

Por isso vale a pena, mais do que nunca, estudar o país e seu processo político detalhadamente.

2. O REFERENDO

Ele olhou para o relógio no pulso esquerdo, voltou-se para a frente e disse: "Bom, são 1h25 desta segunda-feira, 3 de dezembro. Já tivemos a leitura oficial feita pela presidente do Conselho Nacional Eleitoral (CNE)".

Estava sentado, diante de uma escrivaninha. Atrás, o retrato de Simon Bolívar. Vestia uma camisa vermelha de mangas compridas e manuseava uma caneta. Parecia conferir algumas anotações. Havia um certo ar de incômodo no rosto. "Agradeço aos que votaram a favor de minha proposta e aos que votaram contra. Estou tranquilo, estamos todos tranquilos."

Diante de câmeras de TV e de algumas dezenas de apoiadores, no salão Ayacucho do Palácio Miraflores, Hugo Chávez amargava, no final de 2007, sua primeira derrota eleitoral em nove anos. A diferença era pequena: 1,41% ou 124.962 votantes em um universo de 8.883.746 votos válidos. Sua proposta de alterar substancialmente a Constituição do país, aprovada em seu primeiro mandato, oito anos antes, fora reprovada em um referendo popular.

Havia várias novidades no resultado. A primeira era que os vitoriosos não foram exatamente os setores da *direita golpista*, como o mandatário chama os articuladores da desastrada tentativa de tirá-lo do poder à força, em abril de 2002. Tais correntes pregavam, até três dias antes da votação, o absenteísmo. Argumentavam que o resultado provavelmente seria fruto de uma fraude e o melhor seria ficar de fora. Era um caminho aparentemente lógico. Em vários embates, nos anos anteriores, a oposição buscara atalhos fora da institucionalidade, na tentativa de abreviar o mandato presidencial. Além do golpe de 2002, tais setores tentaram um locaute de dois meses, articulado a partir da PDVSA, a estatal petroleira, e resolveram não participar das eleições parlamentares de dezembro de 2005. Colheram desgastes, ficaram fora do Congresso, viram suas bases sociais encolherem e acabaram por se dividir.

Até a consulta popular de dezembro de 2007, Chávez valeu-se de um discurso que empurrou a direita para a defensiva. Colocou-se como o campeão da legalidade, ao exibir, a todo momento, um exemplar em miniatura da Constituição de 1999. "É nosso programa", repete ele. Convocou eleições, chamou milhares de pessoas às ruas e inverteu um jogo comum em todos os países. Geralmente é a esquerda quem se coloca contra as regras do jogo e deixa a direita de mãos livres para alardear uma pretensa ordem a ser mantida.

Na Venezuela, os sinais foram trocados. É a direita quem, aos olhos da população, representou a instabilidade e o desrespeito às leis definidas pela maioria. E em todos os embates, desde 1999, ela levou a pior.

Essa desvantagem crônica foi vencida no referendo por uma tática, que se mostrou acertada, de se buscar enfrentar Chávez nas regras por ele estabelecidas. O que isso pode significar?

Em primeiro lugar, a existência de uma situação inédita no país. Há uma oposição não golpista, assentada nas mesmas bases sociais da anterior – meios de comunicação, poder econômico e governo dos Estados Unidos – que, tudo indica, muda qualitativamente o panorama político local. Possivelmente, o discurso chavista terá de se reciclar. Até ali, valeu mais acentuar uma polarização, na qual estariam, de um lado, o povo e, do outro, o imperialismo norte-americano. A situação mostrou-se verdadeira por várias vezes. A interferência estadunidense na política interna da Venezuela aconteceu durante todo o século XX e no início deste. Porém ela nem sempre se valeu das mesmas formas de intervenção, como será mostrado nos próximos capítulos.

Em seu discurso, no salão Ayacucho, Chávez admitiu: "A abstenção nos derrotou". Mais adiante, emendou: "Milhões de venezuelanos, que há um ano votaram em nós, não vieram votar". O presidente referia-se à vitória na eleição presidencial do ano anterior, quando obteve 7.161.637 votos. A abstenção, na época, foi de cerca de 25%, a menor desde 1994. No referendo, apenas 4.379.392 apoiaram o governo. Na Venezuela, o voto não é obrigatório.

A pergunta parada no ar é: por que quase 3 milhões de apoiadores do presidente não foram votar dessa vez? O caso também contrasta com o número de filiados do Partido Socialista Unificado da Venezuela (PSUV), lançado por Chávez em dezembro de 2006. No dia 23 de junho de 2007, a Rádio Nacional da Venezuela anunciava que as "jornadas de inscrição levadas a cabo em todo o país para a postulação a aspirantes e militantes do PSUV lograram reunir 5.669.305 membros".[1] Ou seja, 1.289.913 a mais que os votos obtidos por Chávez.

Pode-se interpretar tais números, dizendo-se que não foi a oposição quem ganhou, e sim o governo quem perdeu, e por uma pequena margem. Mas isso não serve de consolo para amenizar a situação.

Quando diz que a abstenção ganhou, Chávez aponta um dado real, mas não a causa do problema. O que levou mais de um milhão de chavistas a ficarem em casa naquele domingo, 2 de dezembro? Por que não se animaram a apoiar as 34 propostas de emendas editadas pela Presidência da República, mais as 35 adicionadas por sua base de apoio na Assembleia Nacional?

O mote de que votar sim à reforma seria escolher Chávez e votar não seria apoiar Bush, brandido pelo presidente venezuelano na reta final da campanha, exibe um grau de confrontação inadequado para uma iniciativa pouco debatida e menos ainda entendida pela população, como é o caso do projeto de reforma constitucional. Chávez argumentou que as mudanças seriam o primeiro passo para a implantação de seu projeto de socialismo do século XXI. As medidas abrangiam ampla gama de temas,

---

[1] http://www.rnv.gov.ve/noticias/index.php?act=ST&f=2&t=48453

que modificariam vários dos 350 artigos da Constituição. Entre os principais pontos propostos por Chávez estavam:[2]

- a redução da jornada de trabalho de oito para seis horas diárias;
- a inclusão dos trabalhadores informais na seguridade social;
- a propriedade seria dividida em pública e privada. Esta segunda modalidade seria classificada como propriedade social, podendo ser gerida pelo Estado ou por grupos sociais, como coletiva, de "usufruto comum", podendo ser de origem privada ou social, e como mista entre os setores público, social e privado em distintas combinações;
- ficaria proibida a existência do latifúndio, "por ser contrário ao interesse social";
- a reforma previa a criação do Poder Popular, a ser incluído na escala de poderes municipal, estadual e nacional. Com isso, as prerrogativas dos governantes locais tenderiam a ser minimizadas, já que as comunidades deveriam receber orçamento próprio e seriam responsáveis pela execução e planejamento de projetos;
- acabaria a autonomia do Banco Central, definida pela Constituição de 1999. Segundo a proposta, "Suas funções estarão submetidas à política econômica geral para alcançar os objetivos superiores do Estado Socialista e a maior soma de felicidade possível para todo o povo"; e
- o instituto do referendo revogatório se tornaria mais difícil. A Constituição de 1999 define que basta um pedido solicitado por 20% do eleitorado. Pela reforma, a porcentagem passaria para 30%. O mandato presidencial se estenderia de seis para sete anos. Além disso, o presidente poderia ser reeleito indefinidamente. A atual Constituição permite apenas uma reeleição imediata.

A este elenco de mudanças, em sua maioria democráticas, a Assembleia Nacional resolveu, sem necessidade, agregar mais

---

[2] A íntegra da reforma está em http://www.asambleanacional.gov.ve/uploads/biblio/Proyecto%20de%20Reforma%20 (Corregida%20art%2011,67,328).doc

35 tópicos, a exatamente um mês do referendo. Os 69 pontos da reforma formavam um cartapácio de pouco mais de 180 mil caracteres esparramados em 88 páginas. Poucos venezuelanos conseguiram se inteirar do integral conteúdo das propostas. Diante dessa complexidade, a oposição – com o auxílio da imprensa – alardeou que Chávez propunha uma ditadura, com a ideia de reeleição indefinida. Como resposta, o governo passou a acusar os contrários às medidas de "peões do império".

A conjuntura na qual se deu o referendo foi desenhada a partir da acachapante vitória de Chávez nas eleições presidenciais de dezembro de 2006. O presidente obteve 62,8% dos votos válidos, o que levou o candidato direitista Manuel Rosales, com 36,9%, à lona. A abstenção, como já dissemos, ficou em cerca de 25% do eleitorado. O índice obtido pelo mandatário era praticamente igual aos 62,7% conquistados em sua primeira vitória, em dezembro de 1998. A abstenção, no entanto, fora muito maior: 35%. Em oito anos, Chávez invertera a apatia histórica do eleitorado, que alcançara 54% de ausência nas eleições de 1995.[3]

No fim de 2006, Chávez estava mais forte do que nunca. Enfrentara um golpe de Estado, um locaute nacional de dois meses, uma queda de 17% do PIB em 2003, a antipatia generalizada da grande imprensa dentro e fora de seu país e várias tentativas de isolamento internacional. Além disso, seus oponentes tentaram marcá-lo como ditador, louco, fantoche de Fidel Castro, demagogo caribenho, falastrão e trapalhão. As acusações não colaram e sua popularidade aumentou.

Três iniciativas de impacto

Com legitimidade inédita, Chávez anunciou três iniciativas de grande impacto. A primeira delas foi anunciada

---

[3] Dados citados por Kornblith, Miriam. In: *Del puntofijismo a la Quinta República: Elecciones y democracia en Venezuela*, exposição apresentada no forum "La democracia en América Latina: ¿viabilidad o colapso?", patrocinado pelo Departamento de Ciencia Política da Universidade dos Andes, Bogotá, 2003.

em pronunciamento diante de um desfile militar, no pátio da Academia Militar, na quinta-feira, 28 de dezembro de 2006, exatos 25 dias após o pleito. "Não haverá nova concessão para este canal golpista de televisão que se chama Rádio Caracas de Televisão", disse ele, envergando uniforme de combate e a tradicional boina vermelha. A RCTV tivera um papel fundamental no golpe de Estado de 2002, ao nuclear, com outras emissoras, um cerco midiático aparentemente inexpugnável. "A medida já está redigida", emendou o presidente. "Acaba em março a concessão. Assim, é melhor que eles preparem suas maletas e vão vendo o que fazer a partir dali."

A Venezuela possuía, na época, quatro grandes redes de televisão privadas, a Venevisión (do empresário Gustavo Cisneros), a RCTV, a Globovisión e a Televen, além de várias emissoras independentes espalhadas pelo país. Juntas, formavam quase 80% do sistema televisivo. O Estado possuía quatro canais: a Venezuelana de Televisión (VTV, canal 8), a Telesur, a ViveTV, voltada para a cultura e o canal da Assembleia Nacional. A RCTV, fundada em 1953, era o mais antigo canal em atividade no país. Todas as emissoras privadas se envolveram na articulação do golpe de 2002.

Com essa iniciativa, o presidente acertou no mérito e exagerou no método. Não renovar uma concessão de uma empresa privada que comprovadamente tentou subverter a ordem legal é uma possibilidade reconhecida até mesmo por opositores do presidente.

Um deles é Teodoro Petkoff, um ex-dirigente do Partido Comunista Venezuelano, ex-guerrilheiro e ex-ministro de Planejamento do governo de Rafael Caldera (1994-1998). Petkoff apoiou num primeiro momento o golpe que depôs Hugo Chávez, em 2002. O editorial de seu jornal, *TalCual*, de 12 de abril daquele ano, tinha o indubitável título de "*Chau Hugo!*". Menos de 24 horas depois, ele percebeu com quem estava se aliando e saltou fora do barco.

Anos depois, com voz inflamada e gestos bruscos, Petkoff avalia o caso RCTV. "Em qualquer lugar do mundo, o Estado administra o espaço radioelétrico. É uma concessão". Mas em seguida, ele reflete:

> No artigo 3º da Lei de Telecomunicações está escrito que a concessão será outorgada por vinte anos e renovada automaticamente. Mais adiante, no artigo 4º, o raciocínio se completa: salvo a existência de algum processo ou decisão judicial. Não há nenhum processo em curso contra a RCTV.[4]

Em 27 de maio de 2007, a emissora deixou de operar com sinal aberto, restringindo suas emissões ao sistema a cabo. Em seu lugar, entrou uma nova emissora oficial, a Televisora Venezolana Social (Teves), montada de improviso semanas antes. Os venezuelanos perderam a sequência de sua telenovela de maior audiência e alguns programas populares. A nova estação apresentou uma programação fria e de má qualidade, composta por informativos chapas-brancas e enlatados pretensamente educativos.

O governo enfrentou um sério desgaste com a medida. Pesquisas de opinião atestam isso e uma inédita mobilização estudantil espalhou-se por algumas cidades. Em Caracas, milhares foram às ruas protestar por dias seguidos, ao mesmo tempo que os setores conservadores buscavam denunciar o gesto.

Céus e terras se moveram contra Chávez. Mais uma vez, a imprensa mostrou um incrível espírito de corpo em todo o mundo, para denunciar o que chamou, quase em uníssono, de *escalada ditatorial*.

O governo viu aí uma campanha orquestrada. A expressão é de Andrés Izarra, ex-repórter da RCTV à época do golpe. Descontente com a cobertura, pediu as contas naqueles dias de abril de 2002. Izarra já ocupou a presidência da Telesur – a rede internacional de televisão bancada pelos governos de Venezuela, Cuba e Argentina – e o Ministério das Comunicações. Por que se fala em campanha orquestrada? "O receio é que este exemplo de soberania dado pela Venezuela se multiplique por outros países, nos quais os meios cometem tantos abusos como aqui." Em suas

---

[4] Entrevista com Teodoro Petkoff em 16 de junho de 2007.

palavras: "Os donos desses meios, associados à Sociedade Interamericana de Prensa (SIP), têm a seguinte doutrina: o espaço público é privado e a concessão dura para sempre".[5]

É bem possível que o desgaste sofrido por Chávez nesta batalha tenha contribuído para o resultado do referendo. Se o objetivo era evidenciar o caráter supostamente antidemocrático do canal, não foi feito grande debate acerca da democratização das comunicações e sobre os limites de uma concessão pública.

A segunda novidade pós-eleitoral foi o anúncio da formação do Partido Socialista Unificado da Venezuela (PSUV), em 15 de dezembro de 2006. A ausência de uma agremiação que organize a base de apoio governista, tanto na sociedade quanto nas instituições, é um problema sério no país. O Movimento V República (MVR), núcleo central das forças governistas não passa de um arremedo partidário. Desorganizado e sem maiores objetivos que não seguir o presidente e servir de abrigo a candidatos oficiais, o MVR não consegue pautar o debate de ideias e ter um funcionamento orgânico regular. A agremiação foi formada às pressas, para possibilitar a primeira vitória presidencial.

O ato de lançamento do novo partido ocorreu em 14 de dezembro de 2006, no teatro Teresa Carreño, situado no Parque Central, um imenso complexo de concreto armado, no centro de Caracas. Em longo discurso, o presidente disse: "Declaro hoje que vou criar um novo partido. Convido a quem queira acompanhar que venha comigo". Logo depois, emendou: "Os partidos que quiserem, continuem como estão, mas saiam do governo".[6] E, contestando a ideia de que todos contribuíram para sua vitória eleitoral, doze dias antes, o mandatário sentenciou: "Os votos não são de nenhum partido, são de Chávez e do povo".

---

[5] Entrevista com Andrés Izarra em 15 de junho de 2007.
[6] *Chávez llama a conformar el Partido Socialista. Al socialismo no vamos a llegar por arte de magia... necesitamos un partido, no una sopa de letras.* Prensa Presidencial. Aporrea, Caracas, 16 de diciembre, 2006. [www.aporrea.org/ideología/n87995.html]

Mais uma vez, o presidente buscou alicerçar-se na consagração para avançar o sinal, avisando que os demais partidos da base oficial na Assembleia Nacional deveriam dissolver-se no interior do PSUV ou abandonar o governo.

O mandatário sentia-se forte não apenas pela vitória recente. O resultado das eleições parlamentares de dezembro de 2005, boicotadas pela oposição, montou uma aparente unanimidade na Assembleia Nacional. De um total de 167 cadeiras, a distribuição ficou assim: MVR 114, Podemos (Por la Democracia Social) 15, Pátria Para Todos (PPT) 11, Movimiento Electoral del Pueblo (MEP) 11, Partido Comunista de Venezuela (PCV) 8 e Unión Popular Venezolana (UPV) 8. Todos da base chavista.

Após seu lançamento, o PSUV foi montado sob o comando dos auxiliares mais próximos ao presidente, de cima para baixo, e valendo-se de apoiadores governistas bem localizados na máquina pública.

O sociólogo Edgardo Lander, professor da Universidade Central da Venezuela e um dos melhores analistas da realidade venezuelana fez, no início de 2007, a seguinte pergunta: "Que futuro, do ponto de vista da pluralidade e da democracia, se espera de um partido cuja criação se decreta dessa maneira?"

As ameaças de Chávez afastaram o Podemos da base parlamentar, que passou a criticar abertamente o governo, após o anúncio da reforma constitucional. Além desse partido, Chávez perdeu, a partir de julho, o apoio de seu ex-ministro da Defesa, o general Raul Isaías Baduel. Companheiro de Chávez em suas articulações no interior do Exército desde o início da década de 1980 e ex-comandante da brigada de paraquedistas da cidade de Maracay, a 80 quilômetros de Caracas, Baduel foi uma figura decisiva na vitória contra o golpe de 2002. Ameaçou invadir o Palácio de Miraflores para desalojar Pedro Carmona, o líder da investida, e seus aliados, que afastaram o presidente do cargo por três dias.

No início de novembro de 2007, um mês antes do referendo constitucional, Baduel daria uma explosiva entrevista à imprensa, na qual qualificava a reforma constitucional de "golpe de Estado". Rompido politicamente com o governo, o general não se aliou explicitamente com a oposição, mas deu gás à ideia de que a reforma embutia uma desmedida sede de Chávez pelo poder. Não ficaram claros os motivos do afastamento do general, que foi acusado de traidor pelo governo. Um exagero.

Ainda pouco antes do referendo, em 23 de novembro, Chávez abriu nova frente de atrito. Descontente com a oposição feita pela cúpula da Igreja Católica, o presidente partiu para o ataque em um programa televisivo do canal 8, estatal. Disse que os bispos "São o demônio, defensores dos mais podres interesses, são verdadeiros vagabundos, do cardeal para baixo".

A Igreja venezuelana não tem nada de democrática, como toda organização religiosa. Há ainda uma particularidade: conservadora, a instituição apoiou o golpe de 2002. O cardeal Ignácio Velasco (1929-2003), ex-arcebispo de Caracas, chegou a assinar o termo de posse de Pedro Carmona. O fato representa uma espinha atravessada na garganta de Chávez.

No entanto, ao comprar a briga de forma tão ostensiva, o presidente colocou contra si milhares de padres que semanalmente estão diante de suas paróquias, fazendo sermões e atuando como respeitados formadores de opinião.

Como pano de fundo disso tudo, há ainda uma crônica ineficiência administrativa do governo Chávez. Lixo pelas ruas e vias mal iluminadas à noite na capital do país são apenas os sinais mais evidentes do mau funcionamento da máquina pública. Mesmo as políticas emergenciais, lançadas com grande estardalhaço em 2003, conhecidas como *missões*, têm-se deteriorado ao longo dos anos. Embora sejam as vitrines mais alardeadas do governo, as iniciativas voltadas para as áreas de saúde, educação, assistência social e abastecimento enfrentaram redução de verbas nos últimos anos.

A ONG Provea (www.derechos.org.ve), de defesa de direitos humanos, assim avalia este aspecto:

> A situação do direito à saúde continua caracterizando-se pela coexistência de dois sistemas, o tradicional, formado

entre outros, por ambulatórios e hospitais e o da Missão Bairro Adentro (BA). ... O sistema de saúde segue fragmentado e desarticulado, com falhas estruturais. ... Para o ano de 2007, o orçamento destinado ... à saúde foi de 4,42 bilhões de bolívares, o que revela uma queda em relação ao ano anterior, quando o orçamento alcanço 5,01 bilhões de bolívares.[7]

Pesadas bem as coisas, a derrota no referendo foi construída involuntariamente pelo governo ao longo de um ano. Julgando dispor de uma confiança ilimitada por parte da população, o chamado oficialismo se surpreendeu com um resultado para o qual não estava preparado.

Para o sociólogo Edgardo Lander, a consequência imediata é "o rompimento do mito do dirigente messiânico, seguido por uma massa popular incondicional, carente de capacidade de fazer juízo político próprio". Apoiador crítico do governo, Lander é rigoroso em sua avaliação:

> A população, que foi submetida praticamente a uma chantagem política (escolher entre Chávez e Bush), demonstrou ter autonomia e capacidade para, através da abstenção, manifestar um estado de mal-estar e fazer um chamado de alerta.[8]

O referendo acabou por se mostrar como uma precipitação desnecessária. As reformas não tinham a urgência toda apregoada pelo governo, que se descolou de parte de sua tradicional base de apoio. Produzida de afogadilho, sem debates maiores com a população e apresentada como um pacote fechado, a reforma não empolgou. Apresentada de forma mais ampla a trinta dias da votação, era impossível decidir seu destino num simples "sim" ou "não".

Investindo reiteradamente na polarização de posições, a ação governamental acabou por restringir o espaço para o

---

[7] http://www.derechos.org.ve/publicaciones/infanual/2006_07/pdf/07salud.pdf pág. 156
[8] Lander, Edgardo, *El proceso político en Venezuela entra en una encrucijada crítica*, http://www.rebelion.org/noticia.php?id=60884

exercício de uma saudável crítica interna ao processo, que não raro é rotulada de iniciativa antirrevolucionária.

Uma ressalva precisa ser feita. Nenhum governo venezuelano recorreu tantas vezes a consultas populares. E, derrotado, Chávez fez o que se esperava: acatou os resultados, apesar das constantes acusações da mídia internacional de que seria um ditador.

Oposição e bonança econômica

No balanço de forças pós-referendo, há um saldo a se notar. É o surgimento de um novo segmento oposicionista, como já dissemos páginas atrás. Perderam força os setores golpistas, remanescentes da trapalhada palaciana de 2002. Tais grupos vinham conseguindo manter sua hegemonia entre os antichavistas desde aquela época. Por extrema inabilidade, fizeram o que Chávez queria e apresentaram-se como opositores de conquistas reais por parte da população. Perderam espaço para novos atores, organizados em torno de um movimento estudantil que tenta romper, pelo menos aparentemente, os laços com a oposição tradicional.

Em outras palavras, Chávez tem diante de si uma oposição não golpista, uma direita que aceita suas regras do jogo, em um processo de acúmulo paulatino de forças. É algo novo em um cenário anteriormente polarizado, no qual ele soube se movimentar com desenvoltura. A situação ficou mais complexa e exige maior habilidade política. Como se comportará o governo a partir de tais parâmetros?

Na coletiva da madrugada do dia 3 de dezembro de 2007, no salão Ayacucho, Chávez ainda não digerira por inteiro o amargor da derrota. Nos dias seguintes, dera entrevistas desencontradas. Ora aceitava os resultados, ora culpava o povo pela situação. Mas pouco mais de um mês depois, em 12 de janeiro do ano seguinte, em um ato do PSUV, em Caracas, tentou fazer um balanço mais sereno. "Eu assumo minhas responsabilidades. Errei no momento estratégico do referendo. Não era a melhor hora, o povo não estava convencido das mudanças propostas." Em uma possível autocrítica, declarou "guerra ao sectarismo" e propôs o retorno do diálogo "com o PCV, PPT [Partido Pátria Para Todos] e as camadas médias e setores da burguesia nacional".[9]

Ao mesmo tempo que existem não poucos problemas na condução política da Venezuela, o certo é que a popularidade de Chávez se manteve em patamares extremamente elevados, anos após sua chegada ao poder. Numerosos são os fatores que contribuem para isso, a começar pelo fato de o presidente, como reconhece Teodoro Petkoff, ter colocado a questão social no centro da agenda institucional. Manejando os confrontos com habilidade, fustigando os opositores e o governo dos Estados Unidos, dando vazão à sua exuberante personalidade política, entre outras ações, Chávez suscita amores e ódios extremados. Talvez tenha algo a ver com os ares do Caribe e sua tradição de boleros derramados de sentimentos exagerados. Mas há um argumento indiscutível a sustentar esta popularidade. É que a vida melhorou para a maioria da população ao longo desses anos.

Entre 2004 e 2007, a Venezuela cresceu a taxas próximas de 10% ao ano, graças aos altos preços de seu principal produto de exportação, o petróleo. O PIB real – descontados os efeitos da inflação – cresceu 87,3% entre seu ponto mais baixo, no primeiro semestre de 2003, e fevereiro de 2008.[10] Com uma inflação de 19,5% ao ano e uma taxa de juros que alcança 15,5%, é muito barato tomar empréstimos no sistema financeiro local. Os juros apresentam taxa real negativa desde o ano 2000.

Com isso, a venda de bens de consumo duráveis se expandiu enormemente nesse período. De acordo com o relatório mensal da Câmara Automotriz Venezuelana, a média anual de

---

[9] Segundo Altamiro Borges e José Reinaldo de Carvalho, em http://www.vermelho.org.br/base.asp?texto=31110
[10] Weisbrot, Mark & Sandoval, Luis, *La economia venezolana en tiempos de Chávez*, Center for Economic and Policy Research (www.cepr.net), Washington, 2008, p.2.

vendas de carros chega a quase 500 mil veículos. O impacto é enorme, se levarmos em conta que o país tem 28 milhões de habitantes.

A combinação de crescimento econômico com facilidade de crédito criou uma verdadeira euforia no mercado interno. Os velhos carrões detonados que eram vistos pelas ruas na virada do milênio foram substituídos, poucos anos depois, por uma frota tinindo de nova. Os restaurantes dos bairros de classe média e média alta passaram a ficar lotados todos os dias, assim como os shoppings centers.

A grande novidade é que o aquecimento do mercado se manifesta especialmente entre as camadas mais pobres da população. Em 2006, as camadas D e E compraram 22% mais que no ano anterior.

Os números, por setor, são expressivos na comparação entre 2006 e 2007, de acordo com pesquisa do Instituto Datanálisis. Roupas e artigos de vestuário deram um salto de 102%. Automóveis alcançaram 71%. Ferramentas e artigos de pintura vendem agora 41% mais. No caso de produtos farmacêuticos e cosméticos o incremento anual chega a 35%. Alimentos deram um salto de 33%.

Luís Vicente León, diretor do Datanálisis de pesquisas, observa que "a população aumenta seu consumo quando tem mais dinheiro no bolso e suficiente confiança no futuro". Tais sinais são impulsionados pela queda nos índices de desemprego e nos aumentos reais de salários. No primeiro semestre de 2007, o salário mínimo teve aumento real de 20%. León completa seu raciocínio apresentando um dado importante: 60% da população vê o país em termos favoráveis e 82% crê que sua situação vai melhorar.

Se o componente psicológico é aparentemente positivo, em sua visão de futuro, o mesmo não se pode dizer das oscilações do mercado interno. O controle de preços que o governo impôs a diversas mercadorias, em especial aos gêneros de primeira necessidade, tem inibido a produção de maneira sensível. Esta foi uma forma de se tentar deter um processo inflacionário em aceleração. Como resultado, diversos produtos, como carne, leite, feijão e farinha, desapareceram das gôndolas dos supermercados.

A oposição esbraveja, denunciando um possível caos na economia. Os porta-vozes oficiais, por seu lado, argumentam que a escassez é fruto do aumento do consumo. O governo tenta solucionar o problema com os instrumentos que tem à mão. Passou a importar gêneros de primeira necessidade aos borbotões.

Hugo Chávez anuncia uma revolução socialista ao mesmo tempo que os banqueiros e importadores ganham muito dinheiro. O próprio titular da Superintendência Nacional de Bancos e outras Instituições Financeiras (Sudeban), Trino Alcides Díaz, informou, em agosto de 2007, que o rendimento anual dos bancos está acima de 30% e que os ativos bancários valorizaram-se cerca de 60% em relação ao ano anterior.

Vistos em perspectiva maior, os números são também positivos. Os analistas estadunidenses Mark Weisbrot e Luis Sandoval lançaram no início de 2008 um detalhado documento intitulado *La economia venezolana em tiempos de Chávez*. Exibindo gráficos e tabelas, a dupla mostra que, em 1998, havia 1.628 médicos em todo o país exercendo atendimentos de primeiros socorros entre uma população de 23,4 milhões de pessoas. Em 2008, o número de médicos em tal atividade alcançava 19.571, entre um contingente populacional de 27 milhões. "O gasto social do governo cresceu exponencialmente, passando de 8,2% do PIB em 1998 para 13,6% em 2006." Os índices de pobreza também caíram "de seu ponto máximo de 55,1% da população em 2003 para 27,5% no primeiro semestre de 2007".[11]

No terreno macroeconômico, o governo contava com reservas internacionais de US$ 34,3 bilhões, equivalentes a cerca de 15% do PIB, no início de 2008. Essa quantia é muito mais do que a necessária para manter um nível de reservas

---

[11] http://www.cepr.net/index.php/other-languages/spanish-reports/la-economia-venezolana-en-tiempos-de-chavez/

seguro destinado a cobrir as importações e outras necessidades. Weisbrot e Sandoval asseguram ainda que a dívida pública total, incluindo parcela externa, é relativamente pequena. Após um pico de 47,7% do PIB em 2003, os débitos baixaram para 23,8% do PIB em 2006. O total dos pagamentos de juros e serviço da dívida foi de 2,1% em 2006.[12]

Nada disso acontece por mágica. É o aumento do preço internacional do petróleo que sustenta o crescimento venezuelano. Mas os petrodólares não explicam tudo. Quem busca compreender o governo Chávez examinando apenas seus anos de governo, com frequência se confunde. Para entender as idas e vindas e as contradições dessa ruidosa administração, é necessário olhar para trás, bem para trás. Mais exatamente para o início do século XX, para uma região do Caribe com reduzido peso na geopolítica mundial da época.

---

[12] Weisbrot, Mark & Sandoval, Luis, op. cit., p.8 e 19.

3. Petróleo, petróleo, petróleo

As disputas na Venezuela, ao longo dos últimos cem anos, ocorreram em torno do grande combustível da sociedade local e da economia internacional: o petróleo. Tais enfrentamentos também moldaram o pano de fundo por onde se movimentam o governo de Hugo Chávez, seus oponentes e parceiros, tanto no plano interno quanto no contexto mundial.

Nem sempre foi assim. No início do século XX, a Venezuela era um país agrícola, despovoado e pobre, com reduzida importância no cenário internacional.[1] A geografia era, em grande parte, desconhecida por parte dos moradores das regiões próximas ao litoral e as estradas eram poucas e ruins. A dívida pública equivalia a quatro vezes o orçamento nacional. Fazendeiros e exportadores concentravam o grosso da riqueza, o que condenava a maioria da população – 85% vivendo em zonas rurais – a uma miséria crônica.

A situação não ficara assim da noite para o dia. Independente da Espanha em 5 de julho de 1811, o país viveu longos períodos de instabilidade durante o século XIX. A partir da morte de Simón Bolívar, o *Libertador*, em 1830, o país viu acentuarem-se as disputas pelo poder, por parte das oligarquias regionais. Nesse mesmo ano começou a fragmentação da Grande Colômbia, formada por Venezuela, Colômbia e Equador, grande sonho unificador de Bolívar. Somente com a Guerra Federal (1859-1863), houve o sepultamento definitivo da ordem herdada da colônia. Essa verdadeira guerra civil, predominantemente

---

[1] Yerguin, Daniel. *O petróleo, uma história de ganância, dinheiro e poder.* São Paulo: Scritta, 1993, p.230.

camponesa e antioligárquica, representou um marco histórico na luta pela democratização da sociedade venezuelana.

Mas foi a partir do governo ditatorial do general Cipriano Castro (1889-1908) e, mais especificamente, no de seu sucessor, o também general Juan Vicente Gómez (1908-1935), que o caudilhismo regional foi liquidado e o poder foi centralizado a ferro e fogo.

Gómez assumiu a cadeira presidencial por um golpe palaciano. Apesar de garantir, em seu manifesto de posse de 20 de dezembro de 1908, que viria "a desempenhar o poder executivo nacional em virtude do título legal que invisto, sem ser impelido por nenhuma ambição pessoal",[2] este general transformou a Venezuela em um feudo privado. Seu primeiro ato foi pedir a "proteção" militar norte-americana para estabilizar o governo. A contrapartida foi abrir o país ao capital estrangeiro.

Embora próximas no tempo, as ditaduras de Cipriano Castro e José Vicente Gómez não podiam ser mais distintas em relação ao território que comandavam. A Venezuela gomezista deixou para trás as velhas bases agrícolas e adentrou o mundo do petróleo. Em pouco mais de duas décadas, passou de uma imensa fazenda primitiva para um país de importância estratégica no mundo capitalista. Estabelecendo a ordem nas finanças e regularizando o pagamento da dívida pública, Gómez solidificou o vínculo da região com a economia internacional.

Os primeiros tempos

O petróleo fora descoberto na província de Táchira, em 1878. Somente quatro décadas mais tarde teve início uma intensa disputa pelas riquezas do subsolo por parte de empresas britânico-holandesas, em especial pelo consórcio Royal Dutch Shell, que começou a fazer prospecções na região do lago Maracaibo, na região noroeste do país. Em sua esteira, vieram outras, entre elas a Standard Oil of New Jersey.

---

[2] Bastidas, Haydée Miranda et al. *Documentos fundamentales de la historia de Venezuela (1770-1993)*. Caracas: El Nacional, 1999.

Apesar de enfrentar mosquitos, doenças tropicais e ataques indígenas, as empresas estrangeiras arrancaram do general Gómez uma legislação assegurando estabilidade política, administrativa e fiscal, além de condições definidas de concessões, *royalties* e cobrança de impostos. Em contrapartida, o Estado seria o inequívoco proprietário das jazidas, além de receber 15% do total produzido. A primeira Lei de Hidrocarbonetos data de 1920. O interesse do Estado nas sucessivas disposições legais sobre sua riqueza subterrânea – foram sete até 1938 – estava em buscar uma política orientada para a conquista de dois objetivos: os maiores benefícios possíveis, mediante impostos altos, e uma crescente intervenção e controle do Estado na administração do negócio.[3]

No final daquele 1920, um poço perfurado pela Shell, no campo de La Rosa, bacia do Maracaibo, começou a jorrar um volume de 100 mil barris diários. No ano seguinte, a produção se expandiu, com a descoberta do gigantesco campo de Mene Grande. Foi a deixa para que uma verdadeira corrida do óleo se estabelecesse na Venezuela. Gómez e seus aliados e familiares viram aí uma oportunidade para fazer dinheiro mediante a criação de uma empresa de fachada para os negócios de sua *entourage*. O general era o maior proprietário individual de terras no país.

Em oito anos o negócio explodiu: de modestos 1,4 milhão de barris, a Venezuela produziria no final da década de 1920, 137 milhões de barris. Já era o segundo produtor mundial, atrás, apenas, dos Estados Unidos. Não havia volta: aquela riqueza negra transformou a pátria de Bolívar numa economia extrativista e importadora de bens industrializados, que fez a delícia das classes dominantes locais, inebriadas com o dinheiro fácil. A duríssima repressão da ditadura gomezista, por sua vez, era tudo o que as empresas estrangeiras queriam. Protestos

---

[3] Lander, Luis E. "Gobierno Chávez: nuevos rumbos en la política petrolera venezolana?". In: *Poder y Petróleo en Venezuela*. Caracas. Faces-UCV e Pdvsa, 2003.

de estudantes e trabalhadores – a classe operária estava em processo de formação – eram sufocados com selvageria e até mesmo a Universidade Central, em Caracas, foi fechada várias vezes. A Venezuela tinha, em 1926, segundo o censo, 3 milhões de habitantes.

Embora tenha havido uma migração de trabalhadores das regiões rurais para os campos petrolíferos, o regime do latifúndio, que dominava 80% das terras privadas, não se enfraqueceu, mas conviveu e complementou a nova fonte de riquezas. A sólida aliança entre as classes dominantes internas – burguesia comercial, bancária e latifundiária – e os monopólios estrangeiros dedicados ao negócio do petróleo, materializada na política de concessões, perdurou até a morte natural do ditador, em dezembro de 1935.

O desaparecimento de Gómez legou uma indústria petrolífera em torno da qual toda a nação orbitava. Na esteira do desenvolvimento econômico, novas classes sociais estavam em formação: o proletariado petroleiro e urbano, uma incipiente burguesia e pequenos e médios proprietários rurais.[4]

O fim da ditadura de Gómez liberou uma série de forças sociais represadas por anos de autoritarismo. Em 17 de dezembro de 1935, assume o poder outro militar de igual patente, Eleazar López Contreras (1883-1973), seu ministro da Guerra e da Marinha. Homem de confiança do caudilho anterior, Contreras chega ao Palácio de Miraflores em meio à ruína da economia agrícola e a uma situação de miséria extremada para as amplas maiorias. A crise de 1929 fazia seus estragos no Caribe: desemprego em alta, baixíssimos salários e endemias corroíam a saúde da população.

> Embora fiel a Gómez, como chefe militar e de governo, López Contreras não era um gomezista em seu modo de pensar o País. Tampouco era, como os fatos demonstraram, um reformador profundo e nem avançado no político, no econômico e no

---

[4] Zavala, D. F. Maza. História de meio século na Venezuela, 1926-1975. In: *América Latina, história de meio século*, v.2, Brasília: Editora UnB, 1977.

social. Era um homem de transição, de compromisso, entre uma situação de força praticamente absoluta e uma saída progressiva à democracia liberal burguesa moderna.[5]

Esta definição, do economista e historiador Domingo Felipe Maza Zavala, exprime bem o que foi o contraditório governo López Contreras.

Várias organizações e lideranças políticas haviam surgido clandestinamente ou no exílio, mas só vieram a ter existência legal a partir do desaparecimento da ditadura. Apesar de tentar legalizar várias características do regime recém-findo, Contreras tinha diante de si um país mais complexo, urbanizado e com uma classe trabalhadora pequena, mas em acelerado processo de formação. Um fenômeno novo se apresentava diante do poder de Estado: o movimento de massas.

Mesmo assim, a intenção de parte das classes dominantes era prolongar a ditadura gomezista sem seu patrono. Tentando controlar qualquer foco de descontentamento popular, logo de saída o novo governo, em janeiro de 1936, editou um decreto suspendendo as garantias constitucionais. A reação popular foi instantânea e, no dia 14 de fevereiro, uma manifestação de protesto no centro de Caracas foi dissolvida violentamente, gerando algumas mortes. O fato só alimentou a revolta nas ruas, que se transformou numa formidável mobilização de 40 mil pessoas em frente ao Palácio de Miraflores, no mesmo dia, reunindo trabalhadores, estudantes e professores. A exigência básica era a real democratização do país. Na direção do ato estava o presidente da Federação de Estudantes da Venezuela, o estudante de Direito Jóvito Villalba. Aos 28 anos, ele já era um ativista experiente: fora preso durante uma manifestação de protesto na Universidade Central seis anos antes. Rumara para um curto exílio em 1935 e voltara para tentar terminar seus estudos.

---

[5] Ibidem.

A sociedade se organiza

As movimentações, ainda nos tempos de Gómez, deram lugar a uma série de outras lideranças oposicionistas, surgidas em fins da década anterior. Entre elas, havia os integrantes da *geração de 28*, em alusão ao ano de uma rebelião estudantil na UCV terrivelmente massacrada pela polícia de Gómez. (A oposição a Chávez, em 2007, tentou traçar semelhanças entre os estudantes que protestaram contra o fechamento da RCTV e os de 1928.)

Em 1936, a entidade liderada por Jóvito Villalba sofreria uma cisão, liderada pelo militante da Juventude de Ação Católica, Rafael Caldera, então com 20 anos. A nova associação denominava-se União Nacional Estudantil (UNE) e seria o embrião do partido social-cristão Copei (Comitê de Organização Política Eleitoral Independente), fundado em 1947.

Ao longo de 1936, como consequência da ebulição política que começa a se manifestar no país, surgem numerosas organizações políticas. Uma delas denominava-se Organização Venezuelana (Orve) e era chefiada por um contemporâneo de Villalba nas rebeliões da UCV, em 1928, que também havia retornado havia pouco do exílio: Rômulo Betancourt (1908-1981), um dos futuros fundadores da Ação Democrática (AD), na década seguinte. Os três – Villalba, Caldera e Betancourt – seriam figuras-chave no desenho político da Venezuela na segunda metade do século, formariam as agremiações que se tornariam a esponha dorsal da vida institucional durante quatro décadas. Caldera e Betancourt chegariam à presidência da República.

Um pouco antes, em 1º de maio de 1931, fora fundado o Partido Comunista da Venezuela (PCV), de maneira clandestina. O programa dos comunistas incluía jornada de trabalho de sete horas, educação gratuita, distribuição da terra aos que nela trabalham, nacionalização de empresas sob um governo operário-camponês, desconhecimento das dívidas contraídas com "os imperialistas", entre outras consignas. A existência de um partido comunista era reflexo de profundas alterações na composição de classes da sociedade venezuelana.

O ano de 1936 terminou com uma greve de 37 dias dos trabalhadores em petróleo, iniciada em 14 de dezembro. As várias reivindicações dos manifestantes, como reajuste salarial, assistência médica, moradia digna etc., obtiveram o apoio de diversos setores da sociedade. A greve representou também a entrada da classe operária na cena política. E gerou, na outra ponta, uma onda repressiva feroz sobre dirigentes políticos e sindicais, o banimento de partidos de esquerda, de entidades populares – como a FCV, a UNE e a Confederação Venezuelana do Trabalho – e a expulsão do país de 48 dirigentes políticos. O PCV continuaria na ilegalidade. A essa condição foi levado também o Partido Democrático Nacional (PDN), formado a partir da Orve, de Rómulo Betancourt, que marchou para o exílio. Figuras minimamente democráticas do governo foram afastadas, indicando sua decidida guinada à direita. O ano seguinte foi de confronto aberto do empresariado com a classe operária, sob as bênçãos de uma dura legislação repressiva.

No entanto, alguns avanços, do ponto de vista dos trabalhadores, foram conquistados, como direito de greve, jornada de 8 horas, férias remuneradas, descanso semanal e direito de organização sindical, entre outros. Além disso, o governo de López Contreras abolira a tortura como método repressivo, característica do regime de Juan Vicente Gómez. O mundo progressista venezuelano se dividiria em duas vertentes históricas, uma revolucionária e outra reformista.

A eleição indireta para a escolha do sucessor de López Contreras, realizada pelo Congresso em abril 1941, não daria margem a muitas surpresas; o governismo era, disparadamente, a força dominante. Dois candidatos se apresentaram: o ministro da Guerra e da Marinha, Isaías Medina Angarita (1897-1953), pelo oficialismo, e o consagrado romancista e diretor do Liceu de Caracas, Rômulo Gallegos (1884-1969).

A votação final revelou o peso da máquina do Executivo sobre o parlamento. Medina Angarita, personagem opaco e escolhido para ser o continuador do regime, vencera por 120 votos a treze. Gallegos era uma espécie de unanimidade nacional, reserva moral do país. Educador respeitado, era o principal escritor nacional. Sua candidatura representou o ponto de confluência dos setores democráticos e de esquerda.

O governo Medina Angarita surpreendeu por sua opção em liberalizar e democratizar a vida pública. Reformando a Constituição, permitiu que chegassem à existência legal todos os partidos banidos nos anos anteriores. Com isso, registraram-se o PCV e aquela que viria a ser o modelo das agremiações políticas venezuelanas por quase seis décadas, a Ação Democrática, ou simplesmente AD. Formada pelos setores que haviam engrossado o PDN e atuavam clandestinamente, o novo partido era presidido por Rômulo Gallegos e tinha como principal liderança seu *tocayo* (xará), Rômulo Betancourt. A AD tentou desde o início demarcar fronteiras com o conservadorismo, em um tempo em que o nazifascismo dominava a Europa, ao mesmo tempo que repudiava qualquer interação com os comunistas.

O mandato de Medina Angarita estava longe de representar um governo pró-Estados Unidos e de seus aliados internos, os latifundiários e a burguesia financeira. Algumas medidas adotadas, entre elas, a Lei do Petróleo, em 1943 e a lei agrária, em 1945, limitavam tanto o raio de ação dos monopólios petroleiros quanto o dos grandes proprietários de terras, mediante o planejamento de uma reforma da estrutura agrária. Sua base social estava ancorada em setores minoritários da burguesia e de parcelas consideráveis da pequena burguesia e da classe operária. Já existia em Medina Angarita a preocupação em diversificar a atividade produtiva nacional, liberando-a da quase total dependência do petróleo. Não poucas vezes, o Partido Democrático Venezuelano (PDV), de apoio ao governo, selou acordos municipais com o PCV, gerando grande desconforto para os setores mais conservadores.

O petróleo era, cada vez mais, a principal fonte de ingresso fiscal do Estado. No entanto, uma multiplicidade de leis criava um confuso marco regulatório, que necessitava ser mudado. Além disso, como produto da Grande Depressão do período posterior a 1929, os preços internacionais estavam em patamares muito baixos: de US$ 1,55, no fim da década de 1920, o preço do barril despencara para US$ 0,88, em 1936.

Um fator externo viria a favorecer a produção local: a nacionalização do petróleo mexicano, em 1938, desviaria grande parte dos investimentos estrangeiros para a Venezuela.

O grande parâmetro legal da questão petroleira anterior à nacionalização, estabelecida em 1976, foi a Lei de Hidrocarbonetos, de 1943. Aproveitando-se da conjuntura internacional da Segunda Guerra Mundial, a administração pública deu curso a um tenso processo de negociações com as empresas estrangeiras. Obteve novos contratos de concessão, com maiores imposições do Estado diante das companhias, estabelecendo seu prazo de vigência em quarenta anos. Uniformizou-se o regime destas e os *royalties* estatais passariam de 15 para 16,6%, o que equivalia dizer que de cada seis barris produzidos, um pertenceria ao Estado. Ao mesmo tempo, conseguiu-se das empresas que uma parcela maior do produto fosse refinada em território venezuelano. Era notório o caráter nacionalista da legislação. A lei de 1943 sofreu, ao longo de quase sessenta anos, apenas duas alterações.

A essa altura, a importância do produto venezuelano no contexto internacional era incontestável: mais de 60% do abastecimento abundante e ininterrupto de petróleo destinado às forças aliadas em combate na Segunda Guerra Mundial era proveniente dos campos da região do lago Maracaibo.[6] Nos anos que se seguiram ao conflito, a estreita vinculação com os Estados Unidos levou o país a ser o maior beneficiário latino-americano do Plano Marshall, de reconstrução da Europa. O óleo venezuelano, mais uma vez, desempenhou papel central na crescente demanda por energia das economias que começavam a se recuperar do conflito. Para um país sem outro tipo de indústrias, o desempenho econômico era espantoso. A partir da década de 1940, teve início um acelerado processo de

---

[6] Hardy, José Toro. *Venezuela, 55 años de politica economica, 1936-1991.* Editorial Panapo, 1992, p.5.

urbanização e uma real tentativa de se diversificar o leque produtivo do país. Criou-se o Banco Central da Venezuela (BCV) e a administração pública passa por um processo de dinamização. Duas décadas depois, a população urbana ultrapassa o número de habitantes rurais, num processo de migração intenso, que criaria problemas sociais semelhantes aos de vários países da América Latina.

As companhias de petróleo estrangeiras ficaram nitidamente inquietas com a Lei do Petróleo, pelo fortalecimento da ação estatal nas negociações sobre o produto. Ao mesmo tempo, a AD acusava o texto legal de ser excessivamente condescendente com essas empresas. Os latifundiários opunham-se ferozmente à lei de terras. No âmbito do movimento sindical e popular, o governo exibiu uma atitude de franca truculência, em 1944, ao dissolver uma reunião da Convenção Nacional de Trabalhadores e banir a maioria dos sindicatos de uma existência legal. No entanto, a ditadura já não era a mesma e a reação foi rápida.

O TRIÊNIO ADECO

A sucessão presidencial estava prevista para 1945. A AD afirmou discordar frontalmente da escolha indireta, como vinha acontecendo até ali, e propôs um roteiro para tornar viável a eleição direta. O caminho seria a escolha de um mandatário provisório, enquanto se organizava o pleito. Diante da negativa governamental, a AD realiza, em 17 de outubro, uma manifestação com 20 mil pessoas em Caracas. O PCV, na mesma semana, também vai às ruas, levando 8 mil pessoas e externando seu apoio a Medina Angarita. Os comunistas tentavam exaltar as características nacionalistas do governo, em contraposição aos setores tidos como mais reacionários das classes dominantes. Começava a ser ventilada a possibilidade de um novo mandato para o presidente.

Havia um clima de insatisfação generalizada nos setores castrenses. No dia seguinte ao comício da AD, um levante militar acontece em Caracas e Maracay e, em três dias, consuma-se um golpe, que detém Medina Angarita e todo seu gabinete. Uma autodenominada junta revolucionária, composta por cinco civis – quatro *adecos* –, dois militares e presidida por Rômulo Betancourt assume o governo.

Apesar de o movimento ter sido chamado de "revolução de outubro" e de buscar, no plano político, eliminar o que restava do regime gomezista, a verdade é que as bases econômicas da sociedade não foram tocadas. A concentração extremada verificada na propriedade fundiária permaneceu intacta e a dependência externa aumentou.

No plano político, uma Assembleia Constituinte, em fins de 1946, possibilitou o voto direto e secreto, sem distinção de sexo. Em dezembro de 1947, tiveram lugar as eleições diretas para a Presidência da República, na qual saiu-se vitorioso Rômulo Gallegos, pela AD, com 74% dos votos válidos.

O escritor assumiu em 15 de fevereiro de 1948. Apesar da lufada de ar fresco que a vida política recebia, muitas das restrições à atuação sindical foram mantidas. Os ex-governantes – incluindo-se aí López Contreras e Medina Angarita – foram presos e exilados.

As companhias estrangeiras e o governo norte-americano, num contexto de Guerra Gria, não tinham do que reclamar. A lei agrária aprovada em 1945 foi revogada. No entanto, uma melhoria na situação socioeconômica dos trabalhadores se fez sentir, fruto da recuperação do ingresso petroleiro, o que servia bem às características social-democráticas que a AD esforçava-se por apresentar. Medidas como redução dos preços dos aluguéis, controle da oferta de alimentos por parte do governo e um programa significativo de construção de moradias começaram a delinear o que seria um *regime petroleiro*. A expansão capitalista do pós-guerra materializou-se em um aumento de investimentos e em um incremento das importações. Isso dava às camadas médias a sensação de acompanharem mais de perto os hábitos de consumo dos Estados Unidos. Uma modificação na lei petroleira resultou em pequeno favorecimento às companhias.

Embora tivesse representado o desaguadouro de vários grupos e lideranças de esquerda – algumas com passagens no movimento comunista – que se formaram na esteira da *geração de 28*, a AD fez, ao longo do tempo, um seguro e irreversível caminho rumo à direita. A marca inelutável de sua entrada na vida institucional se deu por um golpe de Estado, deflagrado, paradoxalmente, em nome da democracia. É certo que sob seu mandato o voto direto e secreto se estendeu a todos os níveis e se tentou alterar a ordem institucional com uma Constituinte. Mas as reformas estruturais foram extremamente tímidas.

A principal característica da AD era ser um partido disciplinado, com forte presença nos movimentos sociais, em especial nos meios sindicais e estudantis, tentando imitar a organização política clássica dos partidos social-democratas europeus do pós-guerra.

Com a possibilidade de conceder sensíveis vantagens aos trabalhadores, por estar em um governo com saldos comerciais e fiscais importantes, a AD solidificou sua referência nesse setor, enfrentando palmo a palmo a influência desempenhada pelo PCV, suplantando sua representatividade antes mesmo da queda de Medina Angarita, em 1944. Na verdade, todo o esforço *adeco*, no movimento sindical, foi o de realizar todo tipo de alianças, com o estrito objetivo de isolar o Partido Comunista e, ao mesmo tempo, de marcar sua diferença à direita, com o Copei. A sindicalização aumentou e a Federação dos Trabalhadores no Petróleo – Fedepetrol – obteve força e legitimidade em suas negociações com as companhias estrangeiras. E já no congresso de fundação da Central de Trabalhadores da Venezuela (CTV), em 1947, a AD teve a maioria absoluta dos delegados.

O país saíra da conjuntura da Segunda Guerra Mundial com reservas acumuladas pela elevação de suas exportações de petróleo. O fato possibilitou o financiamento da melhoria dos padrões de vida e trabalho de uma parcela da classe operária nos primeiros anos após a guerra.

A AD era frequentemente acusada de sectarismo e de manipulação de resultados das urnas, buscando dividir as Forças Armadas. Estas se mostravam agitadas por se verem no papel de sócias minoritárias de um empreendimento que sustentaram desde o primeiro momento. Pesava sobre o partido a acusação de organizar milícias armadas. Falava-se em sede de poder dos membros da AD, o que incomodaria os novos aliados.

Com a deterioração da situação, os militares exigiram a saída imediata de Rômulo Betancourt do país, o desarmamento das possíveis milícias *adecas* e a substituição de vários membros do gabinete de ministros por personalidades não vinculadas a partidos.

Embora o governo tivesse se dividido entre ceder ou não às pressões, o próprio Gallegos optou por não transigir. Diante de rumores da convocação de uma greve geral em apoio ao governo, a situação saiu do controle governamental.

Entre as dúvidas que um governo conservador, porém sensível a algumas reivindicações populares, poderia suscitar, as classes dominantes e os monopólios do petróleo optaram pela via segura de um regime de força que não trouxesse surpresas. A imprevisibilidade não dos dirigentes, mas da base social da AD – que incluía parcelas importantes dos movimentos sindicais de trabalhadores urbanos e rurais e do movimento estudantil – deixou as elites assustadas.

Em 24 de novembro de 1948, nove meses depois de tomar posse, Gallegos é deposto por um golpe, encabeçado por três dos militares aliados da AD no movimento de outubro de 1945: Carlos Delgado Chalbaud – seu ministro da Defesa – Marcos Pérez Jiménez e Luís Llovera Páes. Acabava assim o curto período conhecido como o *triênio adeco*, para dar lugar a uma das mais repressivas ditaduras da história venezuelana. O governo da AD estava longe de se pautar por uma conduta nacionalista. Mas em tempos de radicalização internacional, por conta da Guerra Fria, os Estados Unidos não fizeram nenhuma força para que a democracia fosse mantida na Venezuela.

Após o golpe, o presidente da Junta, Carlos Chalbaud, comprometeu-se com o embaixador estadunidense a recuar em vários aspectos da legislação petroleira. A nova Junta, logo que pôde, também desfez a tímida reforma agrária iniciada por Gallegos.

A AD foi imediatamente colocada na ilegalidade, bem como a CTV, ao passo que o PCV, a URD e a Copei mantiveram vida institucional nos primeiros tempos. A agremiação de Rômulo Betancourt levou a cabo uma oposição tenaz e combativa, apesar de seu principal dirigente, como o ex--presidente Rômulo Gallegos, ter rumado para o exílio.

4. A ditadura de Pérez Jiménez

A ditadura nascida com o fim do *triênio adeco* conheceu duas fases, segundo D. F. Maza Zavala.[1] A primeira, entre o golpe de 1948 e as eleições de 1952, e a segunda, desta data até sua queda, em 1958. Na primeira etapa, tolerou-se alguma atividade política e sindical. Na direção do governo, duas correntes disputavam seus rumos; uma que advogava a continuidade das regras institucionais, e outra se batendo por um endurecimento para com a oposição.

No início de 1950, apoiadores do regime discutiram a possibilidade de uma saída eleitoral mediante a dissolução da Junta Militar. O candidato apontado como consensual entre alguns partidos e as próprias Forças Armadas seria Carlos Delgado Chalbaud, então com 41 anos. Criado em Paris, filho de um general adversário de Juan Vicente Gómez e casado com uma simpatizante comunista, Chalbaud começou a ganhar força política em setores da sociedade venezuelana. Em 13 de novembro ocorre um fato inusitado: o presidente da Junta é sequestrado e assassinado. O responsável é preso e morto misteriosamente a caminho da prisão.

O desaparecimento de Carlos Delgado Chalbaud nunca foi devidamente esclarecido, mas as evidências apontam para um possível responsável: Marcos Pérez Jimenez.

As eleições para uma nova Assembleia Constituinte, realizadas em 30 novembro de 1952, dão estrondosa vitória

---

[1] Maza Zavala, D. F. História de meio século na Venezuela, 1926-1975. In: *América Latina, história de meio século*, v.2, Brasília: Editora UnB, 1977, p.303-4.

à URD, de Jóvito Villalba, pela qual se candidataram todas as figuras de oposição, com exceção do Copei, de Rafael Caldera, já reconhecido à época, como jurista de destaque. Dois dias após o pleito, o governo decide não reconhecer o resultado das urnas e Pérez Jimenez é sagrado presidente. Tem início a ditadura de fato, com a volta da tortura, das prisões arbitrárias, das perseguições ferozes e da adoção da violência como arma política.

A crescente expansão da atividade petroleira gerou os excedentes necessários para a execução daquilo que mais caracteriza as ditaduras: vistosas e faraônicas obras públicas de utilidade duvidosa. Inicia-se então na década de 1950 a modernização física de Caracas, que se completaria dois decênios depois, no apogeu da *Venezuela petrolera*. Expande-se o negócio da construção civil e de obras públicas, o que gerou fortunas individuais da noite para o dia e fez a delícia de empreiteiros e especuladores imobiliários. O capital financeiro expandiu sua atividade e o regime de Pérez Jimenez passou a exibir no plano internacional sua face pretensamente moderna. Contava para isso com o beneplácito norte-americano, patrocinador de diversas *ditaduras amigas* no continente, como a de Anastácio Somoza, na Nicarágua, Rafael Trujilo, na República Dominicana, Fulgencio Batista, em Cuba, e Manuel Odría, no Peru.

Ao mesmo tempo, o governo resolveu investir em aspectos importantes de infraestrutura, nas áreas de siderurgia, na região do rio Orinoco, hidreletricidade, no rio Caroni, e indústria petroquímica, em Morón. Interessava à administração pública lançar as bases de um capitalismo de Estado, que aumentasse o poder político da ditadura, uma vez que o empresariado local não tinha nem escala, nem potencial de bancar um projeto de desenvolvimento com características nacionais. Atuando numa situação internacional propícia à expansão dos negócios, o governo atraiu investimentos e logrou, ao longo da década, um crescimento anual médio do PIB da ordem de 7%.[2] É possível identificar traços de nacional-desenvolvimentismo na ditadura,

---

[2] Ibidem.

que buscou diversificar a base produtiva e colocar o Estado como motor da economia.

Mas a economia não foi capaz de sustentar a continuidade de acelerados investimentos. A administração pública começou a enfrentar pesada crise fiscal, afetando, em cascata, vários setores da iniciativa privada, ligados intimamente aos negócios do Estado.

Apesar da outorga de novas concessões para a exploração de petróleo, que aliviaram um pouco os cofres públicos, o rombo nas contas mostrava-se insustentável. Sinais de descontentamento popular apareceram nos últimos anos e o PCV e a URD, clandestinos, tentaram articular uma ação conjunta de parcelas da oposição, pela conformação da Junta Patriótica, nos anos de 1956 e 1957. A essa frente se incorporaram depois a AD e a Copei, num crescente movimento antiditatorial. Até mesmo um setor expressivo da burguesia se colocou contra o governo, por conta da situação da economia, isolando de forma crescente a gestão de Pérez Jimenez.

Conspiração e acordo

Em dezembro de 1957, reúnem-se em Nova York Rômulo Betancourt, pela AD, Rafael Caldera, pela Copei e Jóvito Villalba, pela URD, além do empresário Eugenio Mendoza. A exclusão da principal força de esquerda, o PCV, não foi acidental: desejava-se uma transição sem sustos para um regime civil, com eleições diretas, que isolasse os setores mais radicalizados do movimento popular. O resultado ficaria conhecido como o Pacto de Nova York e seria o embrião de outro acordo que desenharia a vida política venezuelana dali por diante.

No plano político institucional, o descontentamento se materializava em um clamor generalizado por eleições presidenciais, negado sistematicamente pela ditadura. Em fins de 1957, o isolamento de Pérez Jimenez era mais do que evidente. O PCV e a URD, clandestinos, buscaram articular uma ação conjunta de parcelas da oposição. Formaram uma frente, batizada de Junta Patriótica, em 1957. A essa coalizão se incorporaram AD e Copei, em um crescente movimento antiditatorial. Até mesmo um setor expressivo da burguesia se colocou contra o governo, por conta da situação difícil da economia.

No início do ano seguinte, as articulações redundaram em manifestações públicas. A Junta Patriótica convocou uma greve geral para o dia 21 de janeiro. Houve sérios enfrentamentos com as forças repressivas do governo nas ruas da capital. Dois dias depois, com a perda de apoio da guarnição da Marinha, Pérez Jiménez percebe a insustentabilidade de sua situação e foge do país, durante a noite, rumo à República Dominicana.

5. Punto Fijo

Pérez Jiménez caiu em meio a uma ebulição popular, em 23 de janeiro de 1958. Greves e manifestações de rua tomaram conta de Caracas. O fim do regime foi comemorado em várias cidades e os funcionários com ele identificados foram perseguidos por multidões iradas nas ruas de Caracas.

Com a queda do ditador, assumiu o poder, por um curto período, uma Junta encabeçada pelo contra-almirante Wolfgang Larrazábal, um militar dissidente da administração derrotada. Ainda durante o governo provisório, em 31 de outubro, três dos principais partidos venezuelanos – a AD, a Copei e a URD –, após vários entendimentos, procuram dar continuidade ao acordo que se iniciara em Nova York.

Acorrem à *quinta* (chácara) denominada Punto Fijo, mantida por Rafael Caldera, em Caracas, Rómulo Betancourt, Raúl Leoni e Gonzalo Barrios, representando a AD, o próprio Caldera, além de Pedro del Corral e Lorenzo Fernández, pela Copei, e Jóvito Villalba, Ignacio Luis Arcaya e Manuel López Rivas, pela URD. O Partido Comunista, força decisiva na derrocada de Pérez Jiménez, foi mantido longe da articulação.

Os nove líderes, entre outras coisas, acertam entre si "uma política nacional de largo alcance", conforme o documento emanado da reunião.

O texto discorre sobre a

> definição de normas que facilitem a formação do governo e dos corpos deliberantes, para que ambos agrupem equitativamente todos os setores da sociedade venezuelana interessados na estabilidade da República.

Por fim, combinam entre si a elaboração de um "programa mínimo comum ..., cuja execução seja o ponto de partida de uma administração nacional, patriótica e de afiançamento da democracia como sistema".

O *Pacto de Punto Fijo*, de saída, tinha a pretensão de reduzir as diferenças ideológicas e programáticas entre seus signatários e lançar as bases para uma convergência de interesses que tinha como ponto de apoio o domínio do aparelho de Estado. Na prática, ele se converteria, mais tarde, num acerto entre AD e Copei e um terceiro partido, de acordo com sua força eleitoral de momento. O Pacto representou um jeito de acomodar na partilha do poder as diversas frações da classe dominante, incluindo aí o capital financeiro, as empresas de petróleo, a cúpula do movimento sindical, a Igreja e as Forças Armadas. Além disso, esforçava-se por definir uma democracia liberal simpática aos Estados Unidos.

Este grande acordo representou a tradução político-institucional de uma economia baseada na exportação de petróleo. Além de abrigar os interesses das elites, visava a amortecer os conflitos sociais mediante lenta, porém constante, melhoria do padrão de vida da maioria da população. Clientelismo, fisiologismo e corrupção eram também as características de um tipo de dominação que, no reverso da medalha, reprimia duramente qualquer contestação mais consistente. Uma democracia dependente dos fluxos de petrodólares.

Nas eleições de 28 de dezembro de 1958, Rômulo Betancourt é eleito presidente, pela via direta. Seu governo (1959-1964) representou a primeira concretização do Pacto de Punto Fijo. Dele tomaram assento os três partidos. O primeiro governo civil pós-ditadura enfrentou forte recessão, que redundou em redução de salários, desemprego e queda de qualidade de vida para a população. Mas foi a gestão que materializou os fundamentos do que fora acertado na casa de Caldera. Pelo lado econômico, caracterizou-se pela tentativa de estabelecer uma política de substituição de importações, com decidido apoio estatal ao capital privado.

Pelo lado institucional, o Pacto se consolidou pela aprovação de uma nova Constituição, em 1961. E, na ação política, buscava estabelecer a hegemonia da AD no movimento popular – em especial na Central de Trabalhadores da Venezuela – pelo isolamento da influência da esquerda. Com o grande prestígio que a Revolução Cubana desfrutava no continente e com a presença marcante do PCV nas lutas sociais, Betancourt buscou, desde logo, erigir um contraponto à esquerda também no plano internacional.

A América Latina vivia sob o impacto da Revolução Cubana. Um agrupamento de guerrilheiros, armados precariamente, provara ser possível derrotar uma ditadura, obtendo o apoio da população urbana e rural. Além dessa ação exemplar para a esquerda continental, havia a mudança na geopolítica do continente. Pela primeira vez, os Estados Unidos tinham de deparar com uma administração não apenas hostil a seus desígnios, como viam uma representação de seu maior oponente na arena internacional se estabelecer a cem milhas de seu território.

Quase concomitantemente ao balizamento interno estabelecido para a vida democrática, houve uma articulação internacional na qual a Venezuela desempenhou papel relevante: a criação da Organização dos Países Produtores de Petróleo (Opep), em 1960, em Bagdá (Iraque). O evento representou o segundo grande marco na história do petróleo local, após a lei de 1943. Além da Venezuela, a formação da entidade contou com a participação decisiva de representantes da Arábia Saudita, do Iraque, Irã e Kwait. Um de seus objetivos foi acordar uma política destinada à manutenção de preços estáveis, "entre outros meios, pela regulação da produção", sublinhava a resolução inicial da nova organização.

Logo em seguida, era criada a Corporação Venezuelana do Petróleo (CVP), a primeira estatal a participar diretamente de todas as etapas da indústria do setor, da exploração à comercialização. Nos anos seguintes, criaram-se novas leis estendendo o controle estatal à produção de gás e derivados de hidrocarbonetos.

O Pacto de Punto Fijo se desdobraria num novo acordo, em 1968, segundo o qual a AD e a Copei repartiriam as direções da Câmara dos Deputados e do Senado, bem como a presidência de diversas comissões legislativas, de acordo com os resultados obtidos nas urnas. O acerto se estenderia a outros postos decisivos da direção do Estado, como a seleção de membros para a Corte Suprema de Justiça e a indicação do procurador-geral da República.

Regime dos partidos

A AD e a Copei eram de fato dois partidos de massa. Essas características, aliadas a suas estruturas internas verticalizadas e centralizadas, possibilitaram um estrito comando dos setores organizados do movimento popular – por intermédio dos sindicatos de trabalhadores – e do aparelho de Estado. O sistema de listas eleitorais conformou também uma autonomia mínima aos parlamentares, cujas bancadas atuavam em estrita consonância com as direções partidárias. Por esse mecanismo, o eleitor vota numa chapa fechada do partido e não em candidatos individuais. Por um lado, a medida fortalece os partidos e reduzem o personalismo eleitoral. Por outro, redunda no rigoroso domínio que as direções partidárias têm de toda sua estrutura.

Os dois maiores parceiros da democracia venezuelana foram ao longo dos anos dissolvendo as diferenças programáticas entre si. Mas, ao contrário do que possa parecer, o problema da representação política não estava no fato de os partidos serem fortes. O problema é que, sendo o braço institucional de uma dominação de classe, foi realizado um esforço constante e eficaz para se eliminar a esquerda, as forças populares e o dissenso da sociedade venezuelana. E esta eliminação se dava de duas maneiras. Uma delas era a de reprimir violentamente, como se fez no caso da guerrilha, nas décadas de 1960 e 1970. Outra forma era, por exemplo, permitir a participação de grupos de esquerda radical na CTV, controlada com pulso firme pela AD, como forma de legitimar a dinâmica adotada pelo setor majoritário da central trabalhista, sem que suas decisões sofressem nenhum arranhão no que havia de essencial. Enfim, foi criada, na Venezuela, no início dos anos 1960, a mais eficiente democracia de fachada do continente sul-americano.

O sociólogo Edgardo Lander descreve:

> Apesar da significativa desigualdade existente durante os primeiros anos do regime instalado em 1958, e especialmente durante o período de maior expansão da renda petroleira (1973-1978), o padrão de vida na Venezuela melhorou. Indicadores sociais mostrando graus de escolaridade, atendimento em saúde, expectativa de vida, acesso a moradia e serviços públicos, mortalidade infantil e emprego, mostraram significativa melhora.[1]

Para ele, a Venezuela assumiu o papel de uma democracia singular, uma experiência de sucesso, institucionalizada, estável e legítima. Esta peculiar democracia tratava os opositores com violência semelhante a de ditaduras militares.

O auge da bonança petroleira durou dez anos. Começou em 1973, quando os países da Opep pressionaram os preços, que praticamente quadruplicaram ao longo desse ano e mais uma vez triplicaram até o fim da década, após a Revolução Iraniana, em 1979. Para os países produtores, a situação funcionava "como um bilhete premiado garantido de loteria toda semana", nas palavras do historiador inglês Eric Hobsbawm.[2] No caso venezuelano, em especial, havia a sensação de que ninguém precisava pagar impostos para fazer o país funcionar. O fluxo de petrodólares foi até mesmo maior do que a capacidade de a economia absorver capital.

Esse período coincidiu com o primeiro mandato presidencial de Carlos Andrés Pérez (1974-1979), lembrado pela população como "os bons tempos". Houve um redimensionamento

---

[1] Lander, Edgardo. *Venezuelan social conflict in a global context*. Caracss, 2003.
[2] Hobsbawm, Eric. *A era dos extremos*. Companhia das Letras: São Paulo, 1996, p.459.

do papel do Estado, que expande seu papel de agente produtivo e permite que o país aumente sua presença política no cenário internacional, pela participação decidida no movimento dos países não alinhados e no chamado terceiro-mundismo.

O terceiro grande marco na história do petróleo venezuelano, após a Lei de 1943 e a fundação da Opep, se deu com a nacionalização da indústria. Definida em 1º de janeiro de 1976, ela foi resultado de um complexo jogo político destinado a aumentar a participação estatal na receita fiscal da indústria, colocando um ponto final na política de concessões. Com a nacionalização, criou-se a Petróleos de Venezuela S. A. (PDVSA). As quinze concessionárias privadas existentes no país – entre elas a Exxon, a Shell e a Mobil – logo integraram seu organograma, atuando como filiais no negócio. Argumentando que a nacionalização não poderia acarretar grandes abalos, o governo decidiu manter praticamente a mesma estrutura administrativa até então existente. No plano formal, a empresa estaria subordinada ao Ministério das Minas e Energia (MME). No entanto, dado o porte e o crescimento da estatal, a partir de 1983, a situação se inverteu e a corporação rapidamente adquiriu autonomia não só diante do Ministério, como também em relação ao poder público.

Logo a PDVSA tratou de limitar seus deveres fiscais, mediante a criação de uma agenda cada vez mais divorciada do Estado. Rapidamente as grandes companhias transnacionais estabeleceram as estratégias de mercado da gigantesca petroleira venezuelana. Formalmente pública, a empresa distanciava-se cada vez mais de seus objetivos iniciais. Os próprios funcionários, mesmo os de gradação inferior, seguiam uma política salarial própria, criando um padrão de vida muito superior à da maioria da população. Nessa época, a PDVSA ficaria conhecida como "um Estado dentro do Estado".

A tranquilidade econômica daqueles anos solidificou o apoio popular ao regime *puntofijista*. Aproveitando-se disso, a administração dá forma a uma comissão tripartite entre governo, empresários e trabalhadores. Com isso, as duas passam a ter o papel de parceiros em várias decisões de Estado, como modificações na legislação trabalhista e na seguridade social. Fedecámaras e CTV passam a ter o monopólio da representação social, deixando de lado outros importantes interlocutores fora do governo.

A Federação de Câmaras e Associações de Comércio e Produção da Venezuela (Fedecámaras) fora fundada em 1944, durante o governo de Isaías Medina Angarita e passou a ter papel mais proeminente a partir do pacto de 1958, como interlocutor governamental.

No entanto, o modelo venezuelano tinha seu calcanhar de aquiles. O Estado tinha grande poder sobre as etapas internas da produção petroleira, mas não tinha como controlar os preços internacionais do produto. A partir de 1980, com a queda da demanda, fruto da desaceleração econômica mundial, a Opep aprofundou sua política de aumentos de preços, com o estabelecimento de cotas mais rígidas de produção para cada associado, de modo que se evitasse concorrência predatória. Buscando fazer frente às dificuldades de caixa, fruto das oscilações do mercado, a partir de 1982, a PDVSA começou a tentar escapar, por numerosos subterfúgios, da política da Opep.

Então certo dia, uma engenhosa arquitetura formada por petróleo, pactos de poder e exportações seguras voou pelos ares. O 28 de fevereiro de 1983, a *sexta-feira negra* – expressão, hoje em dia, politicamente incorretíssima –, ficou marcado como o fim de um sonho. A situação internacional era grave. O México e o Brasil tinham literalmente quebrado, entrando na longa crise da dívida externa que atingiu vários países periféricos. O presidente da República, o *copeiano* Luís Herrera Campíns (1979-1984), fora obrigado a desvalorizar abruptamente a moeda nacional, o bolívar, como culminância de um processo que incluía, nos últimos anos, a queda substancial dos preços do petróleo, a disparada da dívida pública, que fora multiplicada por dez entre 1974 e 1978, e o aumento dos juros para empréstimos internacionais. Rapidamente, a cotação do dólar saltou de 4,70 para 7 bolívares. Estima-se que US$ 8 bilhões tenham saído da Venezuela ao longo daquele ano. O desemprego avançou aos saltos, dando início a uma crise material e de valores que acabou se mostrando irreversível. Era o epílogo dos *bons tempos*.

Com a economia entrando em rota descendente, tentou-se, durante o governo de Jaime Lusinschi (1984-1989), recompor e redefinir as bases do Pacto de Punto Fijo. Em 1985 foi criada a Comissão para a Reforma do Estado (Copre), que propôs a adoção de eleições diretas para prefeitos e governadores, algo não previsto pela Carta de 1961. Além disso, mudou-se a legislação para as disputas proporcionais, abolindo-se as listas partidárias em favor de postulações pessoais dos candidatos parlamentares. Esse passo auxiliou na consolidação de novos partidos de esquerda, especialmente o Movimento ao Socialismo (MAS, um racha do PCV, no início dos anos 1970) e La Causa Radical (LCR). O fim das listas, embora tenha enfraquecido as cúpulas partidárias – e, por extensão, as próprias agremiações –, exaltou o personalismo[3] na atividade política.

A reforma de pouco adiantou. Com o fim da *Venezuela petrolera*, entrava em parafuso também o pacto político que a sustentou. No entanto, o desenlace dessa crise ainda levaria uma década e meia para se manifestar plenamente.

---

[3] Arvelaiz, Maximilien, op. cit., p.24.

6. A QUEBRA

Em 4 de dezembro de 1988, Carlos Andrés Pérez foi eleito presidente da República pela segunda vez, com a consagradora marca de 56,4% dos votos válidos. Mais do que ninguém, o líder *adeco* personalizava a prosperidade petroleira da década anterior e sua situação de crescimento econômico, altos níveis de emprego e melhoria constante no padrão de vida da população. Ainda estava na memória de todos o lema de seu primeiro mandato: *Democracia com energia*. Pérez defendera, diante do eleitorado, uma posição dupla: a vontade de mudança e a vontade de continuidade. Apoiava aspectos que, aos olhos do povo, seriam positivos na gestão anterior, ao mesmo tempo que se apegava a numerosas críticas feitas a ela.[1]

No entanto, a situação, do ponto de vista das contas públicas, era para lá de preocupante, quando o novo presidente toma posse, em 2 de fevereiro do ano seguinte. Como fruto da queda acentuada dos preços internacionais do petróleo, ocorrida nos anos anteriores, as reservas do Banco Central, que em 1985 alcançavam US$ 13,75 bilhões, despencaram para US$ 6,67 bilhões no final da gestão de Jaime Lusinschi.[2] A inflação alcançava 40,3% ao ano, o desemprego alcançava dois dígitos e o salário real havia despencado. Uma aguda fuga de capitais completava o quadro.

Em 16 de fevereiro, o presidente se dirigiu ao País para anunciar seu programa de ação. Iniciou seu discurso com

---

[1] Sonntag, Heinz; Maingón, Thaís. *Venezuela: 4F-1992*. Caracas: Editorial Nueva Sociedad, 1992, p.63.
[2] Fonte: Banco Central da Venezuela.

uma severa crítica ao modo de funcionamento da sociedade nos últimos anos, apresentou uma audaz e certeira visão das debilidades de sua economia e anunciou – sob todas as luzes, para surpresa de todos – que o governo havia firmado um memorando com o Fundo Monetário Internacional (FMI).[3]

Pérez ressaltou que aquela seria uma necessidade inadiável e a única possibilidade de tornar a economia mais produtiva e competitiva. E, claro, alertou que sua implantação implicaria graves sacrifícios a todos os venezuelanos, por um curto período.

O objetivo de tudo era a liberação de um empréstimo de US$ 4,5 bilhões. A contrapartida, concretizada no dia 25, um sábado, era salgada: o pacote incluía desvalorização da moeda nacional, o bolívar, redução do gasto público e do crédito, liberação de preços, congelamento de salários e aumento dos preços de gêneros de primeira necessidade. A gasolina sofreria um reajuste imediato de 100%. Isso resultaria, segundo anunciado, numa majoração de 30% nos bilhetes de transporte coletivo. Na prática, esses reajustes chegaram também a 100%. Nada disso havia sido ventilado durante a campanha.

Caracazo

Antes das seis da manhã da segunda-feira, dia 27, começaram os primeiros protestos, aparentemente verbais em seu início, nos terminais de transportes coletivos das cidades-dormitório ao redor de Caracas, como La Guaira, Catia La Mar e Guarenas. Logo, os distúrbios chegaram ao terminal Nuevo Circo, na capital. Os usuários, em especial os estudantes, se revoltaram.

As pessoas que estavam no terminal Nuevo Circo logo se deslocaram para a avenida Bolívar. Em frente ao busto do Libertador, começaram a construir barricadas, no meio da via, cortando a comunicação entre diversos pontos da capital. De início eram duzentos, mas logo formavam uma multidão.

---

[3] Sonntag e Maingón, op. cit., p.64.

A cientista política Margarita López Maya realizou um acurado exame daqueles tumultuados dias, dez anos depois, quando a distância histórica já permitia encarar com mais racionalidade suas causas e consequências.[4] A narrativa que se segue é baseada nos dados que ela coletou.

Ao meio-dia, outro contingente conclamava estudantes, professores e funcionários da Universidade Central, zona leste da capital, a protestarem não apenas contra "os aumentos de preços das passagens, mas a se oporem também às outras medidas econômicas aplicadas pelo governo de Pérez". No início da tarde, esses manifestantes convergiram para a autopista Francisco Fajardo, espalhando "galhos de árvores, garrafas ou quaisquer outros objetos, para impedir a passagem dos carros". Caminhões com cargas alimentícias começaram a ser saqueados e o comércio em volta fechou suas portas. A Polícia Metropolitana acompanhava tudo a distância, até que o primeiro ônibus foi incendiado. Aí começaram os disparos, até que um estudante foi atingido por uma bala perdida. Com saques se disseminando por outras regiões, no início da noite, o cenário era de caos.

Nas cidades vizinhas a Caracas, a sequência de atos mostrou imensa semelhança com os acontecimentos da capital: protestos inicialmente estudantis, bloqueio de vias, saques, barricadas e depredações. Na madrugada, como as mobilizações não cessassem, o Exército saiu às ruas. De nada adiantou. A pilhagem em vários pontos se intensificou. "O povo tem fome!" e "Chega de enganação!" eram as consignas brandidas pela massa em fúria. Mais incêndios, interrupção de todas as entradas da cidade, quebra-quebras em ônibus, caminhões, comércio e automóveis.

A essa altura, as principais cidades do país estavam convulsionadas.

Carlos Andrés Pérez passara o dia 27 em Barquisimeto, capital do estado de Lara, voltando a Caracas por volta das dez

---

[4] López Maya, Margarita. Venezuela, la rebelión popular del 27 de febrero de 1989, resistencia a la modernidad?. *Revista Venezolana de Economia y Ciencias Sociales*, n.5, abr.-set. 1999, p.177-99.

da noite. No segundo dia de distúrbios, recebeu em Miraflores inúmeros empresários e lideranças políticas, antes de convocar, no meio da tarde, uma cadeia nacional de rádio e televisão. Ao vivo, para todo o país, anunciou o toque de recolher e a suspensão das garantias constitucionais. Foi a senha para que a repressão fosse desatada sem freios, especialmente sobre os habitantes das regiões populares.

No bairro de Petare, as forças repressivas chegaram a disparar contra uma multidão, no dia 1º de março, matando mais de vinte pessoas. Apareceram franco-atiradores no alto de alguns edifícios na imensa zona periférica de 23 de Janeiro, assim batizada em homenagem à queda de Pérez Jiménez. Soldados muito jovens e inexperientes, enviados ao local, armados com fuzis FAL, de vasto poder destrutivo, chegaram disparando contra os edifícios. Incontáveis moradores foram mortos.

A rebelião ficaria conhecida como *Caracazo*, nome que não faz juz às suas dimensões nacionais, e abriria caminho para a surpreendente sucessão de eventos que sacudiriam a Venezuela ao longo da década seguinte.

Quatro anos depois, familiares e grupos de direitos humanos conseguiram apurar um total de 396 vítimas fatais nos cinco dias que durou a revolta. Os feridos contavam-se aos milhares e os prejuízos materiais são quase impossíveis de ser estimados. "Os centros médicos contabilizaram um total entre 1 mil e 1,5 mil mortos."[5]

A Venezuela encerrou aquele ano com uma queda de 8,1% no PIB e uma taxa de inflação de 81%. Nos anos de expansão, essa taxa não ultrapassava um dígito.[6] A parcela da população que vivia abaixo da linha de pobreza aumentou de 15%, no fim de 1988, para 45%, dois anos depois. Até o fim de seu mandato, Pérez eliminaria as regulamentações bancárias, acabaria com a

---

[5] Hellinger, Daniel. *La política venezolana en la época de Chávez*. Caracas: Nueva Sociedad, 2003, p.48.

[6] Dados extraídos de Fundació Cidob, www.cidob.org/bios/castellano/lideres/p-027.htm

maior parte dos controles de preços, privatizaria a companhia nacional de telefones (Cantv), o sistema de portos, uma importante linha aérea (Viasa) e abriria a indústria petroleira e outros setores estratégicos ao capital privado.[7]

Quebrou-se, em fevereiro de 1989, a autoimagem que os venezuelanos tinham de si mesmos. Segundo ela, o país seria um modelo de democracia e tolerância no continente, com suas eleições regulares, suas instituições, seus direitos civis, seus partidos com sólidas bases sociais etc. Rompeu-se um padrão de convivência construído ao longo de todo o século. Os canais de mediação de demandas entre a população e o Estado – partidos políticos e sindicatos – que, durante décadas, resolveram conflitos variados, mostraram-se inúteis quando a crise se tornou irreversível. Com o *Caracazo*, a Venezuela fizera um pouso forçado na realidade latino-americana.

Em *Breve história contemporânea de Venezuela*, o historiador Gillermo Morón[8] afirma que "Abriu-se a história contemporânea da Venezuela em 18 de dezembro de 1935, quando o general Eleazar López Contreras assumiu o poder". E completa: "O povo colocou-lhe uma data de encerramento: 27 de fevereiro de 1989".

O governo que sobrevive ao *Caracazo* perde grande parte de sua legitimidade. Pérez, em poucos dias, deixara de ser a grande solução e se tornara o emblema de uma derrocada estrepitosa. O sistema político bipartidário fica ferido de morte, em uma sociedade cuja intolerância e violência cotidiana vão se tornando mais e mais evidentes. Ficava claro que as eleições haviam-se tornado um jogo marcado pelas meras trocas de posição entre a AD e a Copei.

Carlos Andrés Pérez beneficiou-se do aumento do preço do petróleo, entre agosto de 1990 e março de 1991, tempo em

---

[7] Ellner, Steve. *La política venezolana en la época de Chávez*. Caracas: Nueva Sociedad, 2003, p.23.

[8] Morón, Guillermo. *Breve historia contemporânea de Venezuela*. Cidade do México: Fondo de Cultura Económica, 1994, p.253.

que durou o ataque norte-americano ao Iraque, por conta da crise junto ao Kwait. Nos dias 7 e 8 de dezembro de 1990, em plena crise no golfo Pérsico, George Bush pai vem a Caracas. Um dos principais propósitos da visita foi acertar o aumento do fornecimento de petróleo aos Estados Unidos, num momento em que os dois países árabes estavam praticamente fora do mercado. A Venezuela aproveitou-se disso para romper as cotas da Opep e exportar mais petróleo.

Quando a Opep pressiona a PDVSA a reduzir novamente a produção, em 1990, para não deixar os preços desabarem após a primeira Guerra do Golfo, a saída é avançar nas privatizações, como forma de fazer caixa e segurar a balança de pagamentos. Foram vendidos nessa época a empresa de telefonia Compañía Anónima Nacional de Teléfonos de Venezuela (Cantav), as linhas aéreas Venezolana Internacional de Aviación Sociedad Anónima (Viasa) e três bancos públicos. Entre 1990 e 1991, por conta da queda da produção iraquiana de petróleo, a Venezuela tem expressivas altas no PIB.

Vem à luz uma política que vinha tomando corpo no interior do governo: a *abertura petroleira*. A argumentação de se "abrir a economia venezuelana" e atrair mais investimentos privados teve início após a crise de 1983, ainda no governo Lusinchi. Bem ao gosto da terminologia da época, a *abertura* foi a maneira encontrada de a Venezuela inserir-se na globalização neoliberal, com o que tinha mais à mão. O objetivo era descolar cada vez mais a PDVSA do controle do Estado e reduzir a arrecadação fiscal, buscando evitar que a crise de financiamento do poder público contaminasse a empresa.

Logrou-se obter uma recuperação no terreno macroeconômico e em sua presença internacional, Pérez viu a situação social interna em franca deterioração. Denúncias de corrupção e favorecimentos tomavam conta de sua gestão, enquanto aumentavam os descontentamentos populares. Em novembro de 1991, protestos contra a alta do custo de vida resultaram em cerca de vinte mortes de manifestantes em enfrentamentos com a polícia.

Nessa situação de aberta degringolada política, econômica e moral do governo, ocorre o terceiro grande cataclismo que viria a abalar o sistema político venezuelano em uma década, depois da *Sexta-feira negra* e do *Caracazo*.

Na noite de 3 para 4 de fevereiro de 1992, oficiais do Exército, comandados por um tenente-coronel paraquedista de 37 anos, tomam a base aérea Franscisco de Miranda, em Caracas, conhecida como La Carlota, cercam a residência presidencial, chamada de La Casona, e promovem sublevações nas bases de Maracaibo, Maracay e Valência.

O tenente-coronel era um ilustre desconhecido. Tinha cara de mestiço, era magro e chamava-se Hugo Rafael Chávez Frias. Não se pode contar sua história sem examinar a trajetória da esquerda venezuelana a partir da década de 1960.

7. A ESQUERDA VENEZUELANA

Após quase nove anos de clandestinidade, o Partido Comunista da Venezuela emerge da ditadura de Pérez Jiménez, em 23 de janeiro de 1958, dotado de imensa autoridade política. Com sua formulação de construir uma frente unitária contra o regime, os comunistas constituíram-se a espinha dorsal da Junta Patriótica que se formara nos anos anteriores, buscando integrar-se na vida institucional. Mas, como já vimos, o Partido foi colocado à margem do Pacto de Punto Fijo, que definiria as regras do jogo institucional pelas décadas seguintes.

Para o ex-dirigente comunista Douglas Bravo, o Pacto "foi uma articulação montada para derrotar a tremenda ofensiva popular surgida na esteira do movimento pela derrubada da ditadura".[1] Cerca de trezentas pessoas morreram em embates de rua, nas mobilizações que resultaram no fim do regime.

Bravo é um sobrevivente. Seu nome tornou-se lendário entre as esquerdas latino-americanas por seu papel à frente de grupos armados nas décadas de 1960 e 1970. Nascido em 1933, ele chegou a ser chamado, por alguns mais entusiastas, de o "Fidel venezuelano".

Em meados de 1957, Bravo, à época secretário militar do Comitê Central, com os dirigentes Teodoro Petkoff e Eloy Torres, reuniu-se na casa do então coronel e logo general e comandante da guarnição de Táchira, Rafael Arráez Morles. Ali foram traçadas as bases da Frente Militar de Carreira do PCV. O objetivo central era definir uma linha de recrutamentos nos quartéis para o projeto revolucionário. Bravo comenta a movimentação:

---

[1] Entrevista com Douglas Bravo em 19 de julho de 2003.

> Estávamos criando uma aliança cívico-militar, algo que já existira em outras situações, tanto na Venezuela como em outros países da América Latina. O caso brasileiro de Luís Carlos Prestes, que sai da caserna para liderar lutas populares, nos anos 1920, é ilustrativo dessa tradição.[2]

A orientação do Partido se fundamentava na caracterização das Forças Armadas como integradas por gente proveniente das classes médias e baixas.

> Ademais, estes militares, de acordo com os comunistas, estariam muito pouco ideologizados para a defesa do sistema, ao contrário do que ocorria com as forças armadas da Argentina, Colômbia e Chile, entre outras. [3]

Quem escreve isso é o jornalista Alberto Garrido, que realizou um intenso trabalho de pesquisa sobre o período. E, segundo Douglas Bravo, em 1961, cerca de 170 oficiais se tornaram militantes do Partido.[4]

"Como começa a década de 1960 na Venezuela?" A pergunta é feita por Alfredo Maneiro (1937-1982), importante líder da guerrilha que se formaria na época, em entrevista concedida um ano antes de sua morte.[5] A resposta é direta:

> Começa com uma enorme frustração popular, pelos resultados da queda da ditadura. Frustração muito intensa, em contraste com o triunfo da Revolução Cubana (1959). Para falar de uma maneira mais eufemística, parecia que o 23 de janeiro poderia ter resultado em algo melhor do que foi.

---

[2] Ibidem.
[3] Garrido, Alberto. De la revolución al gobierno Chávez. *El Universal*, 6 de julho de 2002.
[4] Garrido, Alberto. *Guerrilla y conspiración militar en Venezuela*. Caracas: Fondo Editorial Nacional, 1999, p.18.
[5] Maneiro, Alfredo. *Notas políticas*. Caracas: Ediciones del Agua Mansa, 1986, p.189.

Maneiro avaliava ser "evidente ter existido uma situação revolucionária aberta naquela data", que se aprofundou durante o governo de Betancourt. A atuação governamental, dali por diante, teria como propósito abafar esse ímpeto mudancista. O rumo à direita se solidificaria em novembro de 1961, com o rompimento de relações diplomáticas com Cuba. O primeiro governo *puntofijista*, liderado pela Ação Democrática, ajustara--se como eficiente elo dos interesses estadunidenses em meio ao acirramento das disputas da Guerra Fria.

Rômulo Betancourt tentou fundamentalmente formar uma burguesia nacional venezuelana, com uma política de substituição de importações, e de vultosas concessões ao capital estrangeiro do petróleo.[6] Essa orientação combinava subsídios a um incipiente setor industrial e facilidades para as grandes companhias petroleiras.

No entanto, uma recessão, entre os anos 1960 e 1963, aliada aos pagamentos integrais de dívidas herdadas da ditadura, provocou um vasto descontentamento popular. O líder *adeco* reprimiu duramente o movimento social e desenvolveu uma política para isolar a esquerda em todas as frentes. As insatisfações alcançaram até mesmo seu partido, a AD. Em abril de 1961, vários militantes ligados ao movimento popular deixam a legenda e criam o Movimento de Izquierda Revolucionaria (MIR), fortemente inspirado pelos ventos que vinham de Cuba.

Em março do mesmo ano, o Terceiro Congresso do Partido Comunista define "de maneira muito genérica"[7] a luta armada. De acordo com Francisco Prada, outro dirigente comunista que partiria para a guerrilha, vários membros do Comitê Central, como Douglas Bravo, Teodoro Petkoff e Gustavo Machado (fundador do partido), passaram a defender a via das armas para realizar as transformações sociais que pretendiam. O PCV torna-se, assim, um dos poucos seguidores do socialismo

---

[6] Maza Zavala, D.F. História de meio século na Venezuela: 1926-1975. In: *América Latina, história de meio século*, v.2. Brasília: Editora UnB, 1977.

[7] Expressão de Francisco Prada. Garrido, Alberto, op. cit., p.80.

soviético a aderir ao caminho vitorioso aberto com a epopeia de Fidel Castro e Che Guevara em Sierra Maestra. O PCV, por intermédio de seu braço militar, as Forças Armadas de Libertação Nacional (FALN), fundado logo após o Congresso, desloca parte de sua militância para as montanhas, enquanto continuava o trabalho de massas nas cidades. Um caminho semelhante aconteceria na vizinha Colômbia, onde o Partido Comunista criaria, em 1964, seu destacamento armado, as Forças Armadas Revolucionárias da Colômbia (Farc).

No meio militar, as tensões crescem. Rebeliões em destacamentos nas cidades de Barcelona (junho de 1961) e Carúpano (maio de 1962) contam com apoio e participação do PCV e são reprimidas com extrema violência. A mais séria delas aconteceria em Puerto Cabello e ficaria conhecida como o *Porteñazo*. A partir de 2 de junho de 1962, um levante na base militar provoca uma reação brutal: o Exército e a Força Aérea são enviados para cercar e bombardear a cidade. Enfrentamentos que duram 24 horas resultam num saldo de quatrocentos mortos e setecentos feridos. A descoberta de que o PCV participara da rebelião militar provoca uma caça às bruxas dentro das Forças Armadas, para extirpar qualquer influência da esquerda na instituição.

A guerrilha realiza ações espetaculares, como o sequestro do craque do futebol argentino Alfredo Di Stéfano, em 26 de agosto de 1963, que visitava a Venezuela. Outra ação foi o assalto ao trem de El Encanto, em Los Teques, cidade próxima a Caracas. A repressão é pesada e os cárceres se enchem de militantes e ativistas de esquerda. "Até o final de 1963, a sociedade venezuelana esteve submetida a uma extrema tensão", lembrou Alfredo Maneiro.[8] "Era geral a sensação de que nesses anos estava se decidindo o destino do país para um período de duração imprevisível."

Para Freddy Carquez, um dos mais destacados dirigentes da luta armada, a partir de 1964 o "critério do Estado

---

[8] Maneiro, Alfredo, op. cit., p.65.

venezuelano será o de que guerrilheiro preso é guerrilheiro morto ou delator". A data coincide com uma melhoria geral da situação econômica do país, sentida pela população, o que contribui para isolar as campanhas da esquerda. "A ampla legitimidade alcançada pelo modelo político (do *puntofijismo*)", reflete ele, "vai permitir uma prática contrarrevolucionária mais agressiva, dirigida à destruição das vanguardas."[9] A partir daí, a repressão começa a dizimar fisicamente os grupos guerrilheiros, mediante prisão, tortura e "desaparecimentos". O Partido Comunista procura recuar da estratégia guerrilheira, em 1965, desligando de sua estrutura os militantes que enveredaram pela luta armada.

O 8º Pleno do Comitê Central do PCV, realizado em abril de 1967, resolve abandonar definitivamente a via armada e participar das eleições marcadas para o fim do ano seguinte.

Um dos principais dirigentes comunistas e comandante guerrilheiro, Douglas Bravo, isola-se internamente e acaba por romper com seu partido. Tempos depois, os dirigentes guerrilheiros capitaneados por ele formam o Partido da Revolução Venezuelana (PRV), que permaneceria por vários anos na serra. A partir de 1979, Bravo e seus companheiros emergiriam de quase duas décadas de clandestinidade para a atividade política legal.[10] Sua organização, na década de 1990, passaria a se chamar Terceiro Caminho.

Quando o *copeiano* Rafael Caldera é eleito presidente da República (1969-1974), decide legalizar novamente o Partido Comunista, como forma de isolar ainda mais os grupos que ainda faziam oposição armada. Ao mesmo tempo que acenava com uma espécie de anistia aos que renunciassem ao caminho da confrontação explícita, Caldera reprimiu o movimento estudantil e prendeu diversos ativistas. Muitos integram listas

---

[9] Carquez, Freddy. *Crítica a la experiência histórica del 23 de enero*. Caracas: UCV, 1989, p.98.

[10] Löwy, Michel. *O marxismo na América Latina*. São Paulo: Fundação Perseu Abramo, 1999, p.289.

de "desaparecidos", sem que sua morte formal nas mãos da repressão fosse reconhecida.

Divergências

Mesmo depois da legalização, as divergências no interior do PCV se acentuam. No cerne do embate estava a ocupação da Checoslováquia pela URSS, em 1968. Refletindo uma divergência que já afastara diversos partidos comunistas europeus da linha traçada por Moscou – entre eles os da Itália, Espanha e Inglaterra –, vários dirigentes venezuelanos, liderados por Teodoro Petkoff, ensaiam nova divisão.

Como resultado, em janeiro de 1971, diversos dissidentes fundam o Movimiento al Socialismo (MAS). Entre suas definições iniciais estava a "visão crítica do marxismo, que seria integrada com outras correntes progressistas de pensamento".[11]

O MAS tornou-se uma importante força política, lançando candidaturas presidenciais em 1973 (José Vicente Rangel) e em 1983 (Teodoro Petkoff). Em 1993, apoiaria a segunda candidatura de Rafael Caldera (1993-1998), em cuja presidência Petkoff assumiria o Ministério do Planejamento e daria curso à *Agenda Venezuela*, vigoroso plano de ajuste estrutural, definido em acordo com o FMI. Apesar de continuar se reivindicando um homem de esquerda, Petkoff classifica-se como um social-democrata, rompendo com seu passado marxista.[12] Quando o MAS decide apoiar Chávez, em 1998, o dirigente desliga-se do partido.

Outro ramo que sai do PCV, na década de 1970 é La Causa Radical (La Causa R, ou LCR), fundada pelo ex-líder guerrilheiro Alfredo Maneiro. Tendo acompanhado os militantes que fundaram o MAS, Maneiro logo se desentende com a cúpula da nova agremiação. Enquanto o MAS aproximava-se das concepções do que ficaria depois conhecido como o eurocomunismo e, em seguida, da social-democracia, Maneiro identificava-se mais com as posições do PC chinês, refletindo internamente um grande

---

[11] Informações extraídas do site do MAS.
[12] Löwy, Michel, op. cit., p.383.

embate existente no então movimento comunista internacional. Contudo, a principal característica do agrupamento de Maneiro era procurar desenvolver um intenso trabalho de massas.

La Causa R constituiria-se na grande novidade política venezuelana durante as duas décadas seguintes. Muitos a viam como uma correspondente ao que o Partido dos Trabalhadores (PT) representava no Brasil, por ser uma organização de massas que distanciava-se da ortodoxia dos PCs. Em dezembro de 1989, a LCR elegeu o governador do estado de Bolívar, Andrés Velásques, dirigente sindical dos trabalhadores da estatal Siderúrgica Del Orinoco (Sidor).

Um dos membros do PRV, do ex-dirigente comunista Douglas Bravo, na cidade de Mérida chamava-se Adán Chávez, professor universitário e irmão mais velho de um jovem militar de nome Hugo. No início da década de 1980, Adán decide promover um encontro entre o dirigente do partido e seu irmão, já então uma liderança ascendente no interior do Exército. Essa história merece um capítulo à parte.

8. Agitação nos quartéis

Hugo Chávez gosta de se lembrar de sua primeira ação política pública. Era ainda um capitão de 28 anos de idade e servia como paraquedista na base de Maracay, a cerca de 110 quilômetros de Caracas, no estado de Arágua. No sábado, 17 de dezembro de 1982, fora chamado pelo comandante do destacamento para proferir um discurso alusivo aos duzentos anos do nascimento de Simon Bolívar, que seriam comemorados logo mais, no ano seguinte. Diante do microfone e de 1,2 mil soldados, o jovem oficial ofereceu o que poderia ser visto como um aperitivo de seus dotes oratórios ainda em formação. Num curto e contundente improviso, o futuro presidente da República denuncia a situação de injustiças do continente latino-americano, quase dois séculos após a independência de seus países.

Finda a solenidade, o orador se reúne com três amigos e sai para uma curta jornada a cavalo. O destino é a entrada da cidade de Turmero, dez quilômetros adiante. Os amigos são outros jovens oficiais, Jesús Urdaneta Hernández e Felipe Acosta Carles e Raúl Isaías Baduel.[1] No trajeto, comentam o discurso e trocam ideias sobre a situação do país.

Cavalgam até uma imensa e secular árvore. É tão antiga que, diz a história, Simon Bolívar teria dormido a seus pés antes da batalha de Carabobo, em 1821, decisiva para a independência da Venezuela. Os quatro descem e conversam na sombra. A árvore tem até nome, Samán de Güere, e lembra o cedro do Líbano, por sua robustez e formato da copa. A situação

---

[1] Informações retiradas do texto *El enigma de los dos Chávez*, de Gabriel Garcia Márquez.

do país mostrava-se tensa e os sintomas de uma brutal crise econômica já eram claramente perceptíveis. Além disso, não faltavam denúncias de corrupção, tanto sobre o governo anterior, o primeiro de Carlos Andrés Pérez, quanto sobre a então administração de Luis Herrera Campíns. Dois meses depois, a Venezuela quebraria, com a desvalorização do bolívar, no dia conhecido como *sexta-feira negra*.

A troca de ideias gira em torno desses temas. Chávez já tentara articular um grupo político no interior das Forças Armadas, a partir de 1977, o Exército de Libertação do Povo da Venezuela (ELPV), com a intenção de promover algum tipo de sublevação. Mas a iniciativa não havia prosperado muito.

Os militares que discutem à sombra da árvore têm pela frente carreira promissora. Dentro de alguns anos, podem tranquilamente atingir o generalato, acomodando-se numa vida sem maiores sobressaltos. Mas não parece ser essa a tônica de seus planos. Há tempos promovem reuniões para discutir o país, a carreira militar e seus papéis diante da situação. Decidem, depois de algumas horas, fazer um juramento. Inspiram-se nas palavras que Simon Bolívar pronunciara no monte Aventino, em Roma, em 1805, quando prometera dedicar sua vida ao fim do domínio espanhol:

> Juramos pelo Deus de nossos pais, juramos por eles, juramos por nossa honra e juramos por nossa pátria, que não daremos descanso a nossos braços e nem repouso a nossa alma, até que tenhamos quebrado as correntes que nos oprimem e oprimem nosso povo por vontade dos poderosos.

A partir dali, iniciam a organização do que viria a ser conhecido como Movimento Bolivariano Revolucionário 200 (MBR-200), em homenagem ao bicentenário do personagem central da história venezuelana. Ainda levaria alguns anos para que aqueles planos se tornassem realidade.

O juramento passou a ser a senha para todos os que desejavam ingressar no movimento, então clandestino. O grupo multiplicou-se aos poucos em várias unidades militares do país, realizando encontros e reuniões sempre marcadas pelo extremo sigilo.

Inicialmente dedicado ao debate interno das Forças Armadas, logo o MBR-200 se torna uma força política e começa a funcionar, na Academia Militar de Caracas, a Sociedade Bolivariana. De acordo com Chávez, "ali descobrimos o líder Simon Bolívar e o guerreiro Ezequiel Zamora".[2] Juntos, os três formariam o que se chama a *árvore de três raízes* pela qual se orienta o MBR-200.

Um dos mais destacados membros do MBR-200, incorporado mais tarde, foi o oficial Francisco Árias Cárdenas, que viria a ser um de seus principais dirigentes. Cárdenas teve – como já foi visto – uma reação de enorme insatisfação com a repressão militar desencadeada pelo *Caracazo*. Quatro anos mais velho do que Chávez, Cárdenas terminaria por se afastar do então companheiro na década de 1990. Baduel, como já vimos no início deste livro, seria um importante aliado de Chávez até 2007.

A violência militar contra a população durante o *Caracazo* não abalou apenas Cárdenas. O episódio abriu uma profunda fissura nas Forças Armadas, com destaque para os organizadores do MBR-200. Um de seus fundadores seria assassinado durante os protestos: Felipe Acosta Carles.

O PERSONAGEM

O homem que lideraria as movimentações militares no final do século XX provinha de setores populares. Hugo Chávez nasceu em 28 de julho de 1954, na pequena cidade de Sabaneta, estado de Barinas, a cerca de 450 quilômetros de Caracas. Seus pais – Hugo de los Reyes Chávez e Elena Frìas – eram professores da escola pública. A família tinha alguma participação na vida política local. O pai militara na *Copei* e um tataravô, o coronel Pedro Pérez Pérez, fora chefe guerrilheiro, na década de 1840, e posteriormente integrou-se às tropas do general Ezequiel Zamora.

---

[2] Zago, Ângela. *La rebelión de Los Angeles*. Caracas: Warp Ediciones, 1998, p.58.

Um de seus filhos também tornou-se uma figura histórica, o general Pérez Pérez Delgado, conhecido como Maisanta, que se rebelou contra a ditadura de Juan Vicente Gómez.[3] Apesar da linhagem ilustre, os Chávez estavam longe de ser uma família próspera. Pertenciam ao que se convencionou chamar de classe média baixa. Seu irmão mais velho, Adán, seguiria carreira universitária e logo se tornaria um militante de esquerda.

> Eu entrei na Academia Militar em 1970, aos 17 anos, e era quase um menino. Não tinha nenhuma motivação política. Nesse momento, uma de minhas aspirações era ser jogador de beisebol,

contou Chávez à pesquisadora chilena Marta Harnecker. Na Academia estavam os melhores técnicos de beisebol do país, alguns deles campeões mundiais em décadas passadas.

Chávez pertence à primeira geração do que se conhece como *Plano Andrés Bello*. O nome é uma homenagem ao educador, poeta e filósofo Andrés Bello (1781-1865), contemporâneo de Bolívar. O programa, iniciado em 1971, constituiu-se numa tentativa de incentivar o aprimoramento da carreira militar, mediante o envio de aspirantes a oficiais para as universidades. Depois de atingirem o oficialato, eles podem prosseguir seus estudos na pós-graduação. Como resultado, as gerações formadas pelo Plano são mais profissionais, mais bem preparadas e mais críticas.[4] Mas a maior influência que a nova orientação trouxe foi retirar a influência da Escola das Américas sobre as Forças Armadas venezuelanas. A Escola era um centro de formação para militares latino-americanos, fundada em 1946, nos primórdios da Guerra Fria e fechada em 2001. Durante esse período, mais de 60 mil pessoas assistiram a seus cursos de contrainsurgência, segurança nacional e repressão a movimentos políticos.

Duas experiências marcaram o jovem fardado. A primeira foi o governo do general Omar Torrijos (1929-1981), no Panamá,

---

[3] Gott, Richard, op. cit. p.57-60.
[4] Arvelaiz, Maximilien, op. cit., p.47.

entre 1968 e 1978. Sua administração foi marcada pela distribuição de terras aos camponeses e pela perspectiva de transformações sociais. Torrijos tinha um discurso nacionalista, que ficou evidente quando levantou a população contra o domínio norte-americano no canal do Panamá. A segunda experiência se deu por uma visita ao Peru, em 1974, então governado pelo general Juán Velasco Alvarado (1910-1977). Alvarado era um militar nacionalista que, apoiado pela esquerda, lançara um ousado programa de reformas, incluindo a democratização da estrutura agrária e a nacionalização de diversas empresas estrangeiras. Os dois generais, tidos como progressistas, embora polêmicos, mostraram ao jovem de Barinas que militares na política não eram sinônimo de Pinochet.

Desde o final da década de 1970, Chávez e seus companheiros passam a ter contato com os grupos de esquerda. Douglas Bravo, já então dirigente do PRV, busca o primeiro contato. "Adán, então militante do partido, nos comunicou ter um irmão nas Forças Armadas", conta ele. Marcado o encontro,

> nos reunimos com o objetivo de traçar as bases de um movimento cívico-militar que se prepararia, a longo prazo, para uma insurgência revolucionária. É importante dizer que quando surgiu o grupo que passaria a se denominar Movimento Bolivariano, já existiam duas organizações a mais no interior das Forças Armadas, um na Aviação e outro na Marinha.[5]

O antigo guerrilheiro faz questão de ressaltar que os agrupamentos militares organizados não começaram em 1982 ou 1983, mas "já estavam organizados desde a época de Pérez Jiménez. Jamais deixou de existir uma força revolucionária nos quartéis".

O futuro presidente encontra-se, em 1978, com Alfredo Maneiro, de La Causa R, em Maracay.

---

[5] Ibidem, p.10.

Sempre me recordo de sua tese de que na política se deve ter duas coisas: eficácia e qualidade revolucionária. Vejo muitos revolucionários que não têm eficácia política e não sabem gerenciar. Você lhes dá um cargo de governo e acabam fracassando. Há outro tipo de gente, muito eficiente, porém sem qualidade revolucionária, não entende o projeto.[6]

Chávez ficaria simpático à La Causa R "sobretudo por seu trabalho no movimento popular. Não havia isso no grupo de Douglas".[7]

---

[6] Harnecker, Marta, op. cit., p. 24.
[7] Ibidem, p.25.

9. Quinze minutos de fama

Dois anos e meio após o *Caracazo*, no fim de 1991, o segundo governo de Carlos Andrés Peres tentava se aprumar. Mas nem mesmo a pontual recuperação econômica deu alento à gestão do homem que, três anos antes, era tido como a única esperança de um país em crise.

Em meio à perda de legitimidade das instituições – falava-se abertamente na necessidade da saída do presidente e na constituição de um governo de emergência –, cresciam os rumores de um possível golpe militar, sem que ficasse muito claro de onde ele partiria.

Entre os chamados setores organizados da sociedade, a descrença ganhava fôlego. A própria Fedecámaras, a principal entidade empresarial, afirmava não ter mais o governo lastro político para se sustentar. A Central de Trabalhadores da Venezuela (CTV), por sua vez, convocou uma greve nacional para o dia 7 de novembro.

Tal situação era inédita. Colocando-se abertamente contra um governo da AD, a Central, sob a hegemonia do mesmo partido, espelhava de maneira eloquente a implosão de um dos pilares do *puntofijismo*: a estreita vinculação entre partidos políticos, poder de Estado e movimento social. A paralisação foi um sucesso, o que incentivou outros setores da população a intensificarem seus protestos.

Várias personalidades políticas, descontentes com a situação, buscavam saídas. Numerosos políticos, ativistas e intelectuais começaram a se articular, na tentativa de reeditarem algo semelhante à Junta Patriótica que se formara contra a ditadura de Pérez Jiménez, trinta anos antes. Batizaram a articulação de *Frente Patriótica*. Participavam dela nomes como Douglas Bravo, José Vicente Rangel, Manuel Quijada, um experiente advogado, veterano das rebeliões militares de 1962, Luís Miquilena, dirigente de esquerda desde a década de 1940, e o tenente-coronel William Izarra, da Força Aérea. Embora não tenha conseguido se estabilizar, a Frente Patriótica revelou sua importância por tentar agregar setores que voltariam a se unir no fim da década, em torno da candidatura de Hugo Chávez à presidência da República.[1]

O governo, por sua vez, tentava exibir alguns trunfos. Em 1991, o crescimento do PIB, como já vimos, bateria na incrível marca de 9,7%. No entanto, esse desenvolvimento se dava a partir de um patamar extremamente baixo, consequência da penosa crise dos anos anteriores. As reservas internacionais do Banco Central alcançaram U$S 14,1 bilhões, o equivalente à média do início dos anos 1980. A queda fora acentuada: em 1988 chegara a mínimos U$S 6,67 bilhões, em 1989 já eram US$ 7,41 bilhões e em 1990 somavam U$S 11,75 bilhões.[2] Aparentemente, o futuro promissor, como repetia a propaganda oficial, não era perceptível no dia a dia da população, que amargava a nítida deterioração de seu padrão de vida. Para azedar o caldo, começaram a aparecer na imprensa sérias denúncias de corrupção, em especial nas altas esferas das Forças Armadas.

Desde 1986, no interior do Exército, o MBR-200 iniciara uma intensa discussão sobre como e quando promover um levante armado contra o regime. Não se tratava apenas de trocas de ideias sobre estratégia militar. Os jovens oficiais buscavam, mesmo que esquematicamente, delinear as vigas mestras de um novo modelo político e econômico para a Venezuela.

O plano de tomada do poder tinha até nome: *Ezequiel Zamora*, em homenagem ao general da Guerra Federal. A data provável, início de 1992. Os debates mais intensos dentro dos quartéis ocorreram nas cidades de Caracas, Maracay e Valência.

---

[1] Gott, Richard, op. cit., p.109-14.
[2] Fonte: Banco Central da Venezuela.

Ninguém sabe ao certo como o elemento surpresa foi perdido. Fala-se em traição. O certo é que no dia 3 de fevereiro de 1992, às 11 horas da manhã, na cidade de Maracaibo, a 700 quilômetros de Caracas, o ministro da Defesa, general de divisão do Exército, Fernando Ochoa Antich, foi informado de deslocamentos de tropas pouco usuais acontecendo em Caracas. O general voltou imediatamente à capital, onde chegou às 15 horas. Carlos Andrés Pérez estava no exterior e chegaria ao aeroporto Simon Bolívar, em Maiquetía, dali a duas horas.

Ochoa Antich conseguiu perceber e desmontar o principal estratagema concebido pelo que, logo tomou ciência, se conformava como uma sublevação militar: a detenção do presidente da República no ato de sua chegada ao país.

O voo atrasou e o avião presidencial só tocou a pista às 22 horas. O terminal aéreo estava tomado pela Guarda Nacional e pela Infantaria da Marinha. Pérez mostrou-se visivelmente assustado. Após o desembarque, a limusine negra, da Presidência, disparou pela autopista, percorrendo os 30 quilômetros até a capital em poucos minutos. No caminho até La Casona, a residência do chefe de Estado, próxima ao Parque del Eeste, a 8 quilômetros de Miraflores, Ochoa Antich informou-lhe das evidências cada vez maiores de um golpe em andamento.

Vários grupos de militares haviam tomado posições estratégicas nas últimas horas, não só em frente a Miraflores, mas também diante de La Casona e da base aérea generalíssimo Francisco de Miranda, no bairro de La Carlota. Trata-se de um aeroporto militar, onde está localizado o Comando-Geral da Aviação. O objetivo era controlar o tráfego aéreo sobre a cidade. No mesmo momento ocorriam ações semelhantes diante de guarnições, quartéis e aeroportos de Maracaibo, Valência e Maracay. Em poucos instantes, os rebeldes tornaram-se senhores da situação nessas localidades. Na base de La Carlota, os amotinados detiveram o comandante-geral da aviação, Eutimio Fuguet Borregales e o alto-comando da Força Aérea.

Tudo foi muito rápido. Pérez saiu de La Casona e zarpou em direção ao Palácio. Aqui, o comando insurgente está a cargo do tenente-coronel Joel Acosta Chirinos. Em instantes, a sede do executivo é sitiada.

O presidente entra em contato com o ministro da Defesa, a essa altura já no Forte Tiúna, e o informa do ataque. O general promete reforços, mas insiste para que o chefe do executivo abandone o local com urgência. Em seguida, Pérez recebe a notícia de que a residência presidencial, onde estava a primeira-dama e uma filha, era palco de intensos combates. De um lado, estava a brigada de paraquedistas José Leonardo Chirinos e, de outro, um batalhão de defesa, unidades do serviço de inteligência e destacamentos da polícia do município de Sucre, na Grande Caracas.

A REPRESSÃO

Tentando tomar a ofensiva diante dos acontecimentos, Carlos Andrés Pérez faz um pronunciamento televisivo ao país a 1h20 da madrugada. Denuncia os golpistas e os acusa de quererem perpetrar um genocídio e a volta da ditadura. Chama-os de ambiciosos, delinquentes, fascistas, totalitários, aventureiros, traidores, inadaptados etc. Tenta isolar e estigmatizar qualquer foco de descontentamento, por saber das reais dimensões que a tragédia social venezuelana seguia assumindo.

Enquanto isso, em plena madrugada, pequenos veículos blindados e soldados paraquedistas de Maracay cercam a sede do executivo, forçam seu portão principal e são violentamente repelidos pela Guarda de Honra. Numerosos veículos militares passam a noite disputando pontos estratégicos da cidade. O ministro da Defesa tentava negociar com os sublevados, quando recebe uma ordem fulminante de Pérez: *Encha-os de chumbo!*[3]

A frase foi a senha para que se desencadeasse uma duríssima repressão aos sublevados. Os insurgentes tinham um grande calcanhar de aquiles: sua presença no Forte Tiúna era reduzida, o que permitiu às tropas leais ao governo

---

[3] Wanxloxten et al. *El 4 de febrero, Por ahora...* Caracas: Fuentes Editora, 1992, p.7.

rapidamente organizarem-se para sufocar o movimento. Além disso, os três objetivos traçados – Palácio, residência oficial e base aérea – eram insuficientes para imobilizar o governo, que rapidamente recobrou a ofensiva. Sem controlar nenhum centro de telecomunicações, os golpistas tampouco puderam ganhar apoio da sociedade. Vendo que persistir com o ataque seria "um suicídio", Chávez decide apresentar a rendição.

Doze horas após seu início – ao meio-dia da terça-feira, 4 de fevereiro – o levante chega ao fim. O ministro da Defesa, Ochoa Antich, entra em contato com o comando dos rebeldes, entrincheirado no Museu Histórico Militar, em La Planície, Caracas, para informar que o governo controla a situação. Do outro lado responde Hugo Chávez Frias, dizendo que se entregaria dali a três horas. O general Ramón Guillermo Santeliz, com quem mantinha boas relações, ameaçou: se a rendição não fosse imediata, os caças F-16, da Força Aérea bombardeariam o local.

Sem saída, Chávez pede apenas que seja tratado com dignidade e que possa fazer um breve pronunciamento à nação. A negociação deste último ponto representou uma nervosa troca de palavras com os oficiais destacados para detê-lo.

Após horas de indefinição, Chávez foi colocado diante das câmaras e microfones. Proferiu de improviso, com expressão contraída e voz firme, seu curtíssimo discurso ao país. Em exatas 169 palavras, na versão original em espanhol, pronunciadas em um minuto e 12 segundos, o tenente-coronel assim se expressou:

> Antes de mais nada, quero dar bom-dia a todo o povo da Venezuela. Esta mensagem bolivariana é dirigida aos valentes soldados que se encontram no regimento de paraquedistas de Arágua e na Brigada Blindada de Valência. Companheiros: lamentavelmente, por enquanto, os objetivos que nos colocamos não foram atingidos na capital. Quer dizer, nós, aqui em Caracas, não conseguimos controlar o poder. Vocês agiram muito bem, porém já é hora de refletir. Virão novas situações e o país tem de tomar um rumo definitivo a um destino melhor. Assim que ouçam minha palavra, ouçam o comandante Chávez,

que lhes lança esta oportunidade para que, por favor, reflitam e deponham as armas, porque, em verdade, os objetivos que traçamos em nível nacional são impossíveis de ser alcançados. Companheiros, ouçam esta mensagem solidária. Agradeço sua lealdade, agradeço sua valentia, seu desprendimento e eu, diante do país e de vocês, assumo a responsabilidade deste movimento militar bolivariano. Muito obrigado.

Uma expressão desta pequena alocução ficaria famosa: "por enquanto".

Nada mais disse, não deu entrevistas, não apareceu mais em noticiários por um bom tempo.

Quatro meses depois, pesquisas de opinião davam ao, até havia pouco tempo, obscuro tenente-coronel preso uma altíssima popularidade: 64,7% da população o considerava uma pessoa confiável para dirigir os destinos do país, colocando-se à frente de muitas lideranças conhecidas, como o próprio ex-presidente Rafael Caldera.

Mesmo levando-se em conta todos os riscos de quebra do regime democrático implícito na ação dos militares dissidentes, a tentativa de golpe teve o significado simbólico da tentativa de rompimento com um sistema que não resolvia os problemas da população.[4]

Anos depois, o ministro do Planejamento, Jorge Giordani, se recordaria desta fala na TV:

> Eu nunca ouvira falar em Chávez, até aquele pronunciamento. Era algo inédito alguém, na Venezuela, dizer "eu sou o responsável" por alguma coisa. O usual é que não se assumam responsabilidades.[5]

Os revoltosos eram gente da média oficialidade para baixo, todos muito jovens. Os dirigentes mais velhos eram Francisco

---

[4] Angela Zago não apresenta a fonte da pesquisa, mas indica que foi "exigida, por certo, pelo Ministério da Defesa".
[5] Entrevista com Jorge Giordani em 17 de julho de 2003.

Árias Cardenas – que chegara a derrubar o governador do estado de Zúlia, Oswaldo Alvarez Paz – e Chávez, com, respectivamente, 41 e 37 anos de idade. O ministro da Defesa Ochoa Antich diria, mais tarde, que "se tirarmos os uniformes desses rapazes, o que fica é o povo".

Foram detidos 180 oficiais, 58 suboficiais, noventa integrantes de tropas profissionais e 2 mil soldados, segundo dados oficiais. O destino de todos eram os cárceres de San Carlos, em Caracas, e de Yare, no estado de Miranda. As mesmas fontes falam em dezessete mortos, mas cálculos de testemunhas apontam mais de cem. Hugo Chávez avalia que cerca de "6 mil homens se mobilizaram, com tanques, helicópteros, combatendo em Miraflores, na Casona e nas cidades de Valência, Maracay e Maracaibo".[6] O levante não foi uma ação desprezível, embora não tivesse contado com sustentação ativa fora dos quartéis.

A participação civil praticamente não existiu, a não ser residualmente em Valência, onde alguns estudantes externaram seu apoio ao enfrentamento. Não aconteceram manifestações populares de apoio. As ruas de Caracas amanheceram vazias, como se fosse um feriado, com a maioria do comércio fechada. Nem mesmo partidos ou sindicatos convocaram algum tipo de manifestação. No entanto, como em outras radicalizações castrenses, os oficiais e os soldados sofriam o mesmo empobrecimento e queda de qualidade de vida enfrentados pelos setores médios e baixos da sociedade.

A crise provocou um entendimento entre os dois partidos, AD e Copei, para uma atuação conjunta no Parlamento e até mesmo para uma composição de gabinete. Mas o aguçamento da crise econômica e o aumento dos protestos de rua aumentaram o repúdio popular ao governo e fizeram que os apelos pela saída de Pérez ganhassem maior amplitude.

Pérez tenta dissuadir quaisquer reverberações da ação dos militares. Insiste para que o Congresso Nacional, em sessão conjunta da Câmara e Senado, discuta e tome providências

---

[6] Harnecker, Marta, op. cit., p.33.

sobre o ocorrido, logo no dia seguinte, 5 de fevereiro. Seus parlamentares repetem a suposta intenção dos golpistas: "matar o presidente da República".

Como consequência, é anunciada uma medida extrema: a suspensão das garantias constitucionais, logo aprovada pelo Congresso, num clima de tensão.

Nesse momento, Rafael Caldera, fundador da Copei e senador vitalício – prerrogativa facultada pela Constituição de 1961 a todos os ex-presidentes da República –, tem ali um lampejo de sagacidade política. Pede a palavra para discordar da suspensão das garantias legais.

A fala de Caldera marcou não apenas o momento, mas mostrou-se decisiva para os desdobramentos do frustrado golpe. Aos 76 anos, a velha raposa era tida por muitos como um cadáver político. Mas seu discurso quebrou essa impressão. Vamos acompanhá-lo.

"Considero que a gravidade da situação nos obriga a todos não só a uma profunda reflexão, mas também a uma imediata e urgente retificação." Caldera ia direto ao ponto. A "retificação" reclamada deveria ser feita nos fundamentos do Pacto de 1958.

> O País está esperando outra mensagem e quero dizer ... ao senhor Presidente da República que ... é difícil pedir ao povo que se imole pela liberdade e pela democracia, quando pensa que a liberdade e a democracia não são capazes de dar-lhe de comer e impedir a alta exorbitante do custo de vida, quando não tem sido capaz de colocar um fim definitivo à chaga terrível à corrupção que, aos olhos de todo o mundo, está consumindo a institucionalidade venezuelana.

E, atacando incisivamente o problema do endividamento externo, Caldera arrematou com uma retumbante frase de efeito: "A democracia não pode existir se os povos não comem".[7]

---

[7] Zago, Angela, op. cit., p.28.

O discurso do líder da Copei, mais do que nenhum outro, um dos "sócios" do Pacto de Punto Fijo, evidenciava o tamanho da deterioração política venezuelana.

Para responder a esses discursos, a AD escalou o senador David Morales Bello, que não poupou pesados adjetivos contra os sublevados. Finalizou sua alocução com o grito: "Morte aos golpistas!", sem levar em conta que a Constituição de 1961 era clara em não permitir a pena capital.

No fim, a Assembleia Nacional aprovou os decretos de Pérez por larga maioria e a Copei deixou seu mais ilustre membro falando sozinho, fazendo coro com a posição governista. Acalorados, os debates foram transmitidos, em grande parte, ao vivo, pela televisão.

O que queriam os sublevados, afinal?

Em primeiro lugar, o óbvio: derrubar o governo de Carlos Andrés Pérez. E, de maneira não de todo explícita, colocar um fim ao regime do Pacto de Punto Fijo.

Os que tentaram tomar o poder naquele início de fevereiro haviam preparado uma série de 24 decretos a serem editados assim que chegassem a Miraflores.[8] Examinando o conjunto de possíveis normas legais, percebe-se que ali se esboçava a constituinte que o governo Chávez aprovaria sete anos depois. Constavam dos diversos tópicos, entre outras questões, a dissolução do Congresso Nacional, das Assembleias Legislativas estaduais, das Câmaras Municipais, da Corte Suprema de Justiça, do Conselho Eleitoral, a eleição de novos dirigentes sindicais e a constituição de um Conselho de Estado, composto pelos futuros ministros, além da reorganização dos corpos policiais. Os projetos estipulavam ainda um prazo de quatro meses para a realização de eleições municipais.

No plano econômico, os militares estabeleceriam um controle sobre a livre circulação de capitais, a imediata suspensão das privatizações e o congelamento provisório de preços de

---

[8] Ver relação completa em http://www.analitica.com/bitblioteca/venezuela/4f.asp#d3

gasolina, artigos de consumo e serviços públicos e privados. Havia ainda normas proibindo o comércio de armas e punindo severamente o tráfico de drogas. Em documentos posteriores, a direção do MBR-200 ataca também a dívida externa – "contraída de forma ilegítima, fraudulenta, desnecessária e corrupta" – e investe contra o FMI e o Banco Mundial. Todas essas reivindicações seriam legitimadas por uma grande proposta guarda-chuva, a convocação de uma Assembleia Nacional Constituinte.

Com a tensão ainda forte e a situação social se agravando, em 27 de novembro ocorre uma segunda rebelião militar, dessa vez articulada a partir da Aviação, marcada pela participação de oficiais mais graduados e por um nível muito maior de violência. De certa maneira, tratava-se de uma continuação do 4 de fevereiro. Os principais líderes eram o vice-almirante da Marinha Hernán Grüber Odremán e Francisco Visconti Osório, da Força Aérea. Ao que tudo indica, as organizações Bandera Roja e Terceiro Caminho, de Douglas Bravo, estiveram envolvidas no movimento. Cento e setenta pessoas morreram em Caracas e Maracay e vários militares partiram para o exílio. Anos mais tarde, Grüber seria eleito governador do Distrito Federal, tornando-se um aliado de Chávez.

Após vencer duas tentativas de golpe de Estado e de atravessar um período de intenso descontentamento popular, o governo Pérez arrastava-se. Ainda mantinha certo prestígio internacional, mas sua decadência era visível. Acumulam-se tensões de toda ordem. Protestos de trabalhadores da recém-privatizada Cantv, empresa de telecomunicações, e do metrô somam-se à insatisfação de funcionários da PDVSA, que ameaçam parar. Distúrbios espalham-se no campus da UCV. Professores fazem greve de fome por melhores salários, em um protesto que tem lugar no Congresso Nacional.

Com o enfraquecimento do governo, voltou à baila uma ação judicial que corria pendente havia quatro anos. Em fevereiro de 1989, o Conselho de Ministros autorizara que uma soma equivalente a 250 milhões de bolívares – aproximadamente US$ 6,5 milhões, ao câmbio da época – fosse destinada à dotação de um orçamento secreto, privativo do presidente da República. Em novembro de 1992, o então jornalista José Vicente Rangel denuncia desvios no uso daquele dinheiro. Uma investigação realizada pelo Congresso descobre que parte desse montante se destinou a financiar a segurança de Violeta Chamorro, presidente da Nicarágua.[9]

O procurador-geral da República dá então início a uma ação na Corte Suprema de Justiça contra o presidente, em março de 1993. Em 20 de maio aquele tribunal compreendeu que havia motivos suficientes para julgá-lo. Assim, o Congresso Nacional decide afastá-lo do cargo, para que o processo tenha andamento.

O dirigente demitido acusou "as calúnias, a mentira e a deformação da verdade" como causas de seu *impeachment*. Octavio Lepage, presidente do Congresso, assume interinamente a Presidência da República. A Justiça condena Carlos Andrés Pérez a dois anos e quatro meses de prisão domiciliar. Esperava-se uma grande comemoração popular, que nunca ocorreu. O descrédito das instituições era tal que não havia ninguém nas ruas para celebrar a decantada "democracia" venezuelana.

---

[9] Otálvora, Edgar. *La paz ramónica*. Caracas: Editorial Pomaire, 1994.

10. O FIM DO PACTO

O descrédito do governo e das instituições venezuelanos era tal, em 1992, que as tentativas de golpe não foram vistas com antipatia, ao contrário. Confinado inicialmente no cárcere de San Carlos, em Caracas, e posteriormente no de Yare, o tenente-coronel Hugo Chávez era agora um homem público. Transformou sua prisão em local de reflexão e numa espécie de escritório político. Lia intensamente, recebia visitas e debatia. Vez ou outra dava uma entrevista ou tornava público algum comunicado do MBR-200. Se não pôde dar continuidade a seu mestrado em Ciência Política, como gostaria, forjou-se ali como um político em tempo integral.

Quando foi convocada uma nova eleição presidencial para 5 de dezembro de 1993, o comandante, como era chamado pelos companheiros, mostrou-se refratário a apoiar quem quer que fosse. Fez, de forma limitada, uma campanha pela abstenção, uma vez que, na Venezuela, o voto não é obrigatório.

O velho Rafael Caldera vivia uma situação dupla. No interior do partido que ajudara a fundar, o Copei, e pelo qual já havia sido eleito presidente da República (1969-1974), amargava um isolamento crescente. Mas, diante da população, praticamente ressuscitara. Seu discurso no Senado virara peça histórica e referência obrigatória no confuso panorama institucional da época.

Após quase meio século de participação na legenda que fundara, Rafael Caldera rompe com ela, em junho de 1993, e lança sua candidatura presidencial por uma coalizão de dezessete pequenos partidos, denominada Convergência Nacional. Os adversários logo batizam aquela verdadeira sopa de letrinhas de *el chiripero* (vespeiro). Entre os coligados, estava o MAS, de Teodoro Petkoff, o ex-líder comunista, o Partido Comunista e a URD, entre outros.

Crise dos partidos

O principal traço das eleições presidenciais de 5 de dezembro de 1993 foi evidenciar a agonia do sistema partidário venezuelano, hegemonizado havia décadas por dois deles, a AD e a Copei. Ambos, somados, chegavam a conquistar cerca de 90% da votação em disputas presidenciais e, a partir de 1974, empalmavam mais de 80% das cadeiras do Congresso. Tudo isso conformava explicitamente um quadro bipartidário.

As urnas exibiram uma mudança radical naquele panorama e uma espantosa queda de popularidade dos partidos tradicionais. Havia agora quatro candidatos disputando, com um número de votos bastante equilibrado: Cláudio Fermín, da Ação Democrática recebeu 23,6%; Osvaldo Alvarez Paz, da Copei, alcançou 22,73% e Andrés Velásquez, o dirigente sindical de Guayana, por La Causa R, conseguiu 21,95%. A vitória coube a Rafael Caldera, com 30,46%.

Um dado significativo adicional foi a altíssima abstenção verificada. Enquanto nas eleições de 1988, 18% do eleitorado não apareceu para votar, agora mais do dobro não quis nem saber das urnas: 38,84%! Ou seja, um índice maior mesmo do que a votação do vitorioso. A marca registra o desencanto que os venezuelanos passaram a ter não apenas com os partidos e candidatos, mas com sua própria democracia.

Em março de 1994, já empossado, o presidente Caldera concede anistia política aos líderes das rebeliões militares de 1992. A maioria passaria para a reserva. Deixam a cadeia, entre outros, Hugo Chávez, Gruber Odreman e Árias Cárdenas.

Chávez continuava avesso à participação política nos canais da institucionalidade existente. Tinha uma pauta política predefinida, que não fugia muito das intenções de seu fracassado movimento de dois anos antes: dissolver o Congresso e convocar uma Assembleia Constituinte. Este era o ponto de partida para qualquer conversação.

Quando seu colega de armas, Francisco Árias Cárdenas comunicou-lhe que desejava candidatar-se a governador do estado de Zulia, por La Causa R, em 1995, Chávez se opôs de maneira tão enérgica, que os dois romperam politicamente. A alternativa do MBR-200 para essas eleições de governadores era, novamente, a não participação. O "comandante" planejava uma campanha de "abstenção ativa", realizada com debates, abaixo-assinados pela Constituinte e entrevistas em órgãos locais de imprensa.

No plano econômico, a situação não ia nada bem. Logo nos primeiros meses de 1994, a crise se aprofundou. O Estado interveio em treze bancos, que representavam 37% do sistema financeiro, gastando cerca de 12% do PIB. A insegurança econômica redundou numa expressiva fuga de capitais e em prejuízos para milhares de correntistas.

O governo tentou estancar a situação, por uma expressiva desvalorização do bolívar, seguida de controle de câmbio e de preços. A intenção principal era bloquear a queda abrupta das reservas do Banco Central. O custo de vida alcançou 70,8%[1] e, em 1995, a inflação chegou a 103% ao ano, patamar até então inédito para os padrões venezuelanos.

Para piorar a situação, a baixa acentuada nas cotações do petróleo colocou as contas nacionais no vermelho. Desde o início de 1997, os preços internacionais despencaram de US$ 21,91 o barril para US$ 13,95 em janeiro de 1998,[2] o que desencadeou uma forte recessão na economia.

Para tentar deter a crise, em 16 de abril de 1996, o presidente Rafael Caldera apresenta à sociedade um conjunto de medidas chamado de *Agenda Venezuela*, dizendo ser a única saída para baixar a inflação, estabilizar a economia e "inserir com êxito o país na economia globalizada". O plano havia sido preparado por seu ministro do Planejamento, o histórico ex-comunista Teodoro Petkoff. A *Agenda* previa aumento no preço da gasolina, aumento de impostos, fim do controle de câmbio e

---

[1] Buxton, Julia. In: *La política venezolana en la época de Chávez*. Caracas: Nueva Sociedad, 2003, p.154.

[2] Fonte: Opep.

de preços e rígido aperto nos gastos públicos. De quebra, havia o delineamento de uma série de reformas estruturais no Estado, com a privatização de diversos ativos públicos.

Parecia uma repetição do que Pérez já havia proporcionado ao país, com as promessas de campanha sendo deixadas na soleira dos portões de Miraflores. O FMI concede um empréstimo de US$ 7 bilhões, o que acarreta nova onda de ajustes internos. A cena seguinte é conhecida: aprofunda-se o desmantelamento dos serviços públicos, despenca verticalmente o nível de vida da população, aumenta a sensação geral de insegurança e aparece uma revolta latente contra o que as pessoas entendiam como "a política".

Mas o principal trunfo do governo Caldera para adoçar a boca do mundo das altas finanças foi o incremento da política de *abertura petroleira*. Seu principal artífice, nessa fase, foi o presidente da PDVSA, Luís Giusti.

A *abertura* se traduzia principalmente pelo descumprimento sistemático da política de cotas da Opep, com vistas ao desligamento da Venezuela da organização. O consequente aumento da produção forçava a queda dos preços e atendia plenamente aos interesses dos países grandes consumidores, em especial os Estados Unidos. Empresarialmente, a orientação se materializava na participação do setor privado nos negócios da companhia. Compreendia convênios e concessões, com duração de vinte anos, destinados a aumentar as áreas de exploração e o compartilhamento de riscos e lucros.

Na gestão de Caldera, a independência da PDVSA diante do Estado atinge seu ápice. Mediante uma agressiva campanha, articulada com os grandes monopólios transnacionais do setor, a empresa rapidamente baixou o nível dos impostos e *royalties* pagos ao poder público. Até 1993, a PDVSA pagava em direitos, impostos sobre a renda e exportação, aproximadamente 65% de seus ingressos brutos.[3] Esses recolhimentos baixam para cerca de metade desse percentual, quatro anos depois.

---

[3] Dados citados por Mommer, Bernard. In: *Poder y petróleo en Venezuela*. Caracas: Faces-UCV, Pdvsa, 2003, p.94.

A prática de afastamento da empresa das decisões de Estado vinha de anos. Até mesmo um pedido de informação de Jaime Lusinchi, presidente da República, em 1986, foi negado, sob a alegação de sigilo. Em 1994, o jornalista José Vicente Rangel, mais tarde vice-presidente de Chávez, chegou a declarar: "Na Venezuela acabou o sigilo militar e o bancário. Só permanecem o de confissão e o da PDVSA".

Em meados da década de 1990, o pagamento de *royalties* ao Estado, definidos em 16,6% na legislação de 1943, foi reduzido para 1% e cogitava-se eliminar totalmente esse repasse.[4]

Embora Giusti sempre proclame o sucesso da empreitada, seus adversários alertavam que a *abertura* era a antessala da privatização da empresa. Dois problemas limitaram essa política. O primeiro deles foi a súbita queda dos preços internacionais do petróleo, a partir de 1997, que inibiu o desenvolvimento da medida.[5] O segundo foi que, apesar do grande apoio dos meios de comunicação, a orientação encontrou resistências em diversos setores da sociedade.

Além das altas taxas de abstenção, havia outros sinais da descrença generalizada com a democracia de *Punto Fijo*, que se mostravam de forma particular em cada uma das diferentes camadas da sociedade.

Uma dessas facetas foi o argumento da *antipolítica*, que ganhou força entre os setores de classe média e classe média alta das grandes cidades. O cientista político Edgardo Lander, já citado em outros trechos deste livro, tem uma boa análise a respeito:

> Um discurso antipolítica e antipartidos disseminou-se pela mídia, estabelecendo uma oposição maniqueísta entre o Estado (caracterizado como corrupto, ineficiente e clientelista) e uma mítica sociedade civil (que inclui a mídia), entendida como

---

[4] Idem, p.96.
[5] Informações do site http://www.fpolar.org.ve/encarte/fasciculo26/fasc2605.html

uma síntese de todas as virtudes: criativa, cheia de iniciativas, eficaz, honesta e participativa.[6]

Adiante, Lander detalha melhor o que quer dizer:

> As organizações sociais e políticas – partidos e sindicatos –, que, nas décadas anteriores, serviram de canal de expressão para demandas populares, não somente estavam em crise, mas tendiam a ser consideradas, pelo novo discurso, como ilegítimas.

Tendo em mente o rechaço à política, as elites econômicas tentaram emplacar um candidato tido como "não partidário" e de renomada eficiência técnica e empresarial. Era nada mais, nada menos do que Luis Giusti, um homem *do mercado*, que fora sondado, em fins de 1997, por LCR, pelo MAS, pela Copei e até pela AD para disputar a cadeira presidencial. No entanto, havia um pequeno problema, como lembra Daniel Hellinger: "o colapso dos preços do petróleo, em 1998, desferiu um severo golpe no prestígio de Giusti".[7] De fato, desde janeiro de 1997, as cotações internacionais despencaram de US$ 21,91 o barril para US$ 13,95, exatamente um ano depois,[8] o que desencadeou uma forte recessão.

Mas a antipolítica teria um peso importante na campanha eleitoral que se avizinhava.

O governo errático de Rafael Caldera perdera grande parte de sua legitimidade e iniciativa política, nos dois últimos anos de mandato. Ele representou a última chance que o eleitorado deu às forças que assinaram o Pacto de *Punto Fijo*, em 1958. Essa sobrevida só foi possível porque um dos mentores do acordo apresentou-se publicamente como um dissidente e pela incorporação de setores que haviam sido marginalizados após a queda de Pérez Jimenez.

---

[6] Lander, Edgardo. *Venezuelan social conflict in a global context*. Caracas, 2003, p.6.
[7] In: Ellner, Steve, op. cit., p.59.
[8] Fonte: Opep.

Entrando na disputa

Já em 1996, Chávez começara a mudar de opinião sobre a não participação na vida institucional. Sua popularidade era crescente e ele mantinha agora contatos regulares com La Causa R e com o MAS, que exibiam sérias dissensões internas. Ambos se dividiriam nos meses seguintes. Apesar de ousado, o "comandante" sabia também ter cautela. Não queria agregar-se a algum movimento preexistente. Seu desejo era possuir uma força política própria que não o tornasse refém de uma estrutura que não controlasse.

Após longas discussões, os militantes do Movimento Bolivariano Revolucionário decidem, em princípios de 1997, participar com cara própria das eleições do ano seguinte. No entanto, a própria estrutura da organização castrense não a capacitava para apresentar-se como um autêntico partido político. O espírito transformador, dizia Chávez, deveria ser o mesmo, mas um outro nome seria necessário.

Os meses seguintes são tomados pela criação de um nome e pelo registro legal da agremiação. E no mesmo ano nasce o Movimento Quinta República (MVR). A nova designação tinha pelo menos duas explicações.

Chávez lembra que a Venezuela teve quatro repúblicas em sua história. A primeira foi formada logo após a independência, em 1811. A segunda teria lugar dois anos depois. Em 1819, quando Bolívar tentava formar a Grande Colômbia, uma terceira República surgiria. E a quarta República, que vigorava até então, fora fundada por José Antonio Páez, em 1830. O novo nome do partido embutia a ideia de que a mudança de rumos deveria ser drástica. Era preciso criar uma república diferente.

Havia ainda outro motivo para a definição do nome. Com a súbita notoriedade obtida pelos militares presos, sua organização, o MBR, tornara-se também bastante conhecida. Mas a legislação venezuelana não permite que grupos ou facções apropriem-se de símbolos nacionais que, teoricamente, são de toda a nação. Portanto, nem pensar em usar o nome de Bolívar. Os autoproclamados revolucionários recorreram, então, a um trocadilho. As pronúncias das letras "B" e "V" em castelhano são praticamente idênticas. Trocar uma pela outra, na sigla partidária, não muda em nada sua fonética; pronuncia-se MVR da mesma maneira que MBR.

A "pegadinha" deu resultado e as três letras foram registradas sem problemas. Pelo menos um símbolo da nova agremiação guardava semelhança com a indumentária dos militares que se levantaram em 1992: a boina vermelha utilizada pelos militantes era quase a mesma exibida na cabeça dos soldados.

O MVR não era grande. Mas, em seu rastro, começou a se formar, no início do ano eleitoral de 1998, uma frente partidária de apoio à candidatura de Hugo Chávez. Esta envolvia o Pátria Para Todos (PPT), uma cisão de La Causa R, grande parte do MAS e o Partido Comunista, a essa altura um agrupamento de reduzida expressão. A articulação produzira traumas. Aristóbulo Istúriz rompera com seus antigos correligionários Andrés Velásquez e Francisco Árias Cárdenas, que permaneceram na LCR. E o MAS perdeu um de seus líderes históricos, Teodoro Petkoff, que não aceitou aliar-se com o ex-militar. A frente formada por esses partidos atendia pelo nome de Polo Patriótico. Pelos acordos traçados, o Polo lançaria apenas um candidato nas eleições de cada estado.

À medida que as eleições se aproximavam, ficava clara a tremenda vantagem de Chávez e de seu discurso renovador sobre os candidatos dos partidos tradicionais. Tendo aparecido na cena pública apenas seis anos antes, o tenente-coronel era quase um *outsider* na política eleitoral, que surfava sobre as ruínas de um modelo partidário esgotado.

Para tentar batê-lo nas urnas, a Copei resolveu apelar para uma das manias nacionais mais cultuadas em outros tempos: passou a apoiar uma candidatura que se lançara como independente. Era a de Irene Sáez, ex-Miss Universo e ex-prefeita do município de Chacao, o menor e mais rico da Grande Caracas. A gestão de Sáez, numa zona abastada, era alardeada como prova de sua competência administrativa, transparente e eficiente. No início do ano eleitoral, ela despontava com 22%

da preferência popular e tornou-se a virtual anti-Chávez para os setores conservadores.

Em junho de 1998, tudo levava a crer que o pleito seria decidido entre dois neófitos na vida pública, dois *outsiders*. Mas, segundo Richard Gott,[9] poucos meses depois, os índices da ex-rainha da beleza despencaram para 2%, em muito devido à desastrada aliança com a Copei. Desmanchava-se ali sua principal vantagem, que era a de se apresentar como alguém totalmente desvinculada dos partidos existentes.

Quando percebe o naufrágio, os sociais-cristãos abandonam subitamente o barco de Sáez para lançar-se no bote de Henrique Salas Römer, candidato do partido conservador Projeto Venezuela.

O outro partido tradicional, a Ação Democrática, lançou inicialmente um candidato próprio, Luis Alfaro Ucero, veterano dirigente da legenda e militante desde os anos 1940. Sua candidatura não empolgara sequer a tradicional base de apoio *adeca* e, a um mês das eleições, Ucero comportava-se como um balão de chumbo. Sua postulação não decolava além dos 6% na preferência popular. A direção do partido resolveu então expulsá-lo de suas fileiras e seguir o caminho indicado pela Copei: correu para as asas de Salas Römer.

As súbitas mudanças de apoio às vésperas das eleições criaram um clima confuso e inusitado, que acabou favorecendo Chávez. Aos olhos dos eleitores, ele mantinha uma linha de coerência, enquanto as outras candidaturas, aparentemente, mudavam de posição a todo momento.

Em 6 de dezembro a vitória é acachapante. Chávez obtém 3,67 milhões de votos, alcançando, como já vimos, 56,2% dos votos válidos. Henrique Salas Römer obteve 32,97%, Irene Sáez, 2,82% e Luis Alfaro Ucero, 0,42%. Um total de 451 agrupamentos políticos tomou parte nas eleições. Somente onze deles obtiveram uma marca equivalente a 1% dos votos. Os outros 440 logo desaparecem.

---

[9] Gott, Richard, op. cit., p.184.

Chávez não foi eleito no bojo de um crescimento vigoroso do movimento de massas, mas foi caudatário de uma formidável e espontânea onda de descontentamento e rebelião. Há diferenças fundamentais entre os dois processos. O primeiro deles é que a base de apoio social de Chávez apresenta um grau de instabilidade grande, que só se solidificou à medida que seu governo avançou. O grau de organização do movimento social e trabalhista na sociedade venezuelana, no fim da década de 1990, era baixo se comparado, por exemplo, ao da sociedade brasileira. Por isso, uma das tarefas do governo eleito tem sido a de construir, a partir do aparelho de Estado, um movimento organizado e arraigado entre a população. E, na prática, Chávez não lidera um partido orgânico e disciplinado, mas uma federação de interesses locais e eleitorais. No fundo, o novo presidente, que se batera por tantos anos contra a participação em eleições, crescera na esteira da antipolítica e da aversão popular aos partidos.

11. O GOVERNO CHÁVEZ

Na sexta-feira, 11 de dezembro de 1998, Hugo Rafael Chávez Frias foi proclamado presidente da República pelo Conselho Nacional Eleitoral. De obscuro militar golpista e preso político, o ex-coronel se tornara, em pouco mais de seis anos, a figura política mais importante da Venezuela. A posse ocorreu em 2 de fevereiro de 1999.

O mandato presidencial tinha início sob o signo de uma grave crise econômica. A queda abrupta do preço do petróleo, no fim de 1997, agravou a situação e levou o país a uma recessão no ano seguinte. De um preço por barril da ordem de US$ 21,91, em janeiro de 1997, o produto chegou, em dezembro de 1998, ao patamar de US$ 8,74, valor real equivalente ao dos primeiros meses de 1973.[1]

A chegada de Chávez ao governo sacramentava a falência do sistema institucional e partidário, cujas raízes haviam sido fincadas em 1958. Sabendo disso, no ato de posse, com a mão esquerda levantada, o novo mandatário proferiu as seguintes palavras:

> Juro diante de Deus, juro diante da Pátria, juro diante de meu povo e diante desta Constituição moribunda cumprir as transformações democráticas necessárias para que a República tenha uma nova Constituição adequada aos novos tempos.

A medida política central da solenidade foi a assinatura de um decreto, concretizando a promessa eleitoral de realizar um

---

[1] Opep, *Annual statistic bulletin*, 1999, p.112 e 119.

plebiscito sobre a convocação de uma Assembleia Constituinte. A ideia era antecipar-se a qualquer decisão legislativa a respeito.

Em 25 de abril de 1999, teve lugar a consulta popular, cujo resultado foi amplamente favorável ao governo. Em 25 de julho, o povo foi chamado para escolher os constituintes nas urnas.

O Polo Patriótico, formado pelas agremiações Movimiento al Socialismo (MAS), Movimento V República (MVR) e Patria Para Todos (PPT), conquistou 119 das 131 cadeiras disponíveis. No dia 3 de agosto, os eleitos reuniram-se no Senado pela primeira vez, sob a presidência de Luís Miquilena, o experiente negociador de Chávez. A Constituinte tornou-se o centro de debates a partir do qual se delineariam as bases de um novo desenho institucional para a Venezuela.

A nova Carta concentrou mais os poderes nas mãos do Executivo, em um país – e, poderíamos dizer, em um continente – no qual o presidencialismo foi exercido mais do que plenamente ao longo do século XX.

Hugo Chávez buscou de diversas maneiras influir nos caminhos da Constituinte. Insistiu o quanto pôde para que o nome do país passasse de República da Venezuela para *República Bolivariana da Venezuela*. A designação havia sido descartada pelos constituintes, enquanto Chávez realizava uma viagem de três semanas ao exterior, em outubro. Na volta, pressionou a instituição a voltar atrás.

O texto ficou pronto em 12 de novembro, com 350 artigos. E em 15 de dezembro um referendo popular aprovou a nova Constituição, definida em tempo recorde pela Assembleia, com 71% de aprovação. No mesmo mês, houve eleições para vereadores e um plebiscito sobre o movimento sindical.

O sociólogo Edgardo Lander assim resume sua avaliação da Constituição de 1999:

> Pela primeira vez reconhecem-se os direitos dos indígenas, saldando uma velha dívida da sociedade venezuelana em incluir estes povos e outorgar-lhes a dignidade da plena cidadania. Reconhecem-se também os direitos ambientais e

amplia-se o conjunto de direitos sociais. Assentam-se as bases para a transformação do Poder Judiciário e se reorganizam os poderes públicos para incorporar o Poder Cidadão, integrado pela Procuradoria e pela nova figura da Defensoria do Povo. Inauguram-se formas participativas de exercício da democracia, com a incorporação ao texto constitucional de diversas modalidades de referendo.[2]

O período de elaboração da Constituinte marcou a primeira investida pesada dos setores que vislumbravam no governo Chávez alguma contrariedade com seus interesses. Foi possível sentir a existência de resistências articuladas dentro e fora do país, que se aproveitavam de toda e qualquer brecha para atacar o governo.

Com um novo desenho institucional, seria preciso sacramentar os dirigentes do país na nova ordem. Assim, em 31 de julho de 2000, realizou-se novo pleito para presidente da República, governadores, prefeitos e parlamentares. Mais uma vez a vitória governista foi arrasadora. Chávez derrotou seu mais próximo oponente, Francisco Arias Cárdenas, por 57 a 36% dos votos. O Polo Patriótico também conheceu uma vitória expressiva. A oposição se desorganizou. Os grandes partidos tradicionais acusaram o golpe. A Ação Democrática e o Copei ficaram reduzidos a agremiações residuais no espectro político.

A ECONOMIA

Na esfera econômica, a conduta governamental caracterizou-se inicialmente pela moderação. A cientista política inglesa Julia Buxton escreveu uma interessante observação sobre a relação de Chávez com a gestão anterior:

> A linha de retidão fiscal se manifestou na pessoa de Maritza Izaguirre, ministra de Finanças ... nos últimos anos de (Rafael) Caldera (1994-1999), a quem Chávez manteve no

---

[2] Lander, Edgardo. *Venezuala: un diálogo por la inclusión social y la profundización de la democracia*. Caracas, 2002.

cargo. A continuidade do governo também se fez evidente na administração das políticas macroeconômicas: manteve-se a banda de flutuação da taxa de câmbio, rechaçou-se a possibilidade de implementarem-se controles de preços e de taxas de lucro e introduziu-se uma série de medidas para se aumentar a arrecadação fiscal.[3]

O panorama econômico não era dos melhores. A recessão do ano anterior se aprofundava, provocando uma queda de 7,2% do PIB. Em outras frentes, o cenário também inspirava cuidados: as reservas internacionais próprias, depositadas no Banco Central, haviam caído de US$ 17,8 bilhões, no fim de 1997, para US$ 14,8 bilhões um ano depois.[4] As incertezas suscitadas pela Constituinte, aliadas a uma campanha que a oposição desencadeara contra o governo, potencializada pelos meios de comunicação, provocaram uma aguda fuga de capitais do país.

O jornalista inglês Richard Gott assinala que

> no transcurso do ano de 1999, se deu pouca importância às decisões e às ações de governo em matéria de economia, apesar de o debate da matéria na Assembleia Constituinte ter suscitado várias manchetes de imprensa.

Ele recorda um episódio emblemático dessa fase.

> O embaixador dos Estados Unidos em Caracas, John Maisto, passou a maior parte de seu tempo tentando convencer Chávez a firmar o tratado de promoção e proteção do investimento estrangeiro, que todos os demais países latino-americanos se viram obrigados a firmar. Maisto tentou assinar o acordo antes da primeira sessão da Assembleia Constituinte, prevendo que esta assembleia nacionalista se oporia aos seus termos. Descobriu estar batendo em uma porta aberta. O governo tranquilamente aceitou subscrever o tratado em outubro.

---

[3] Buxton, Julia. Política económica y asenso de Hugo Chávez al poder. In: *La política venezolana en la época de Chávez*. Nueva Sociedad, 2003.
[4] Fonte: Banco Central da Venezuela.

Chávez assegura que isto aconteceu enquanto ele estava em viagem ao exterior.[5]

A combinação traduziu-se no decreto n. 356, "com nível e força de lei", datado de 3 de outubro, uma semana antes da viagem. Em suas disposições gerais, está escrito:

> Este decreto-lei tem por objetivo prover os investimentos e os investidores, tanto nacionais como estrangeiros, de um marco jurídico previsível, no qual estes e aqueles possam desenvolver-se num ambiente de segurança, mediante a regulação da atuação do Estado frente a tais investimentos e investidores, com vistas a lograr o incremento, a diversificação e a complementação harmônica dos investimentos em favor dos objetivos do desenvolvimento nacional.

O objetivo do novo governo na esfera econômica ainda não estava claramente definido. Começavam a ser feitas várias alterações na ordem institucional, ao mesmo tempo que se buscava mostrar aos outros países que isso respingaria muito pouco no mundo dos negócios. Chávez sabia necessitar urgentemente de dólares para cumprir seus objetivos de diversificar o aparato produtivo, impulsionar algum tipo de crescimento econômico, sair da recessão, gerar empregos e fazer sua administração decolar.

O primeiro lance audacioso do novo governo no plano econômico foi promover, em Caracas, a II Cúpula de Chefes de Estado e de Governo dos Países Membros da Opep, entre 27 e 28 de setembro de 1999. Estavam presentes o presidente da Argélia, da Indonésia, do Irã, da Nigéria, do Qatar, dos Emirados Árabes, da Arábia Saudita, do Iraque, da Líbia e do Kwait.

A primeira e única reunião desse tipo havia sido realizada na cidade de Argel, em 1975. O objetivo era rearticular a Organização e recompor os preços internacionais do petróleo,

---

[5] Gott, Richard. *A la sombra del libertador*. Caracas: Imprenta Nacional, 2002, p.212 e 214.

mediante a volta da política de cotas. O produto enfrentava a maior baixa de preços no mercado internacional desde 1972.[6] Em março de 1999, o barril estava cotado a US$ 8,84.[7]

No encontro, a Venezula propôs o estabelecimento de uma banda de preços, entre US$ 22 e US$ 28 o barril, variável de acordo com o volume de produção obtido. A cota venezuelana situa-se ao redor dos 3 milhões de barris diários.

A atuação da Venezuela, responsável na época por 4% da produção mundial e por quase 10% da oferta da Opep, foi decisiva no contexto mundial. A Organização, que perdera muito de sua importância política, praticamente renascia pelas mãos de Chávez.

No início de 2000, a ação foi reforçada por outro importante fator no cenário internacional, representado pela entrada da China e da Índia como grandes consumidores de petróleo. Sem a descoberta de jazidas significativas a oferta mostrava-se com pouca elasticidade. A partir de 2003, com a quebra da produção iraquiana – quase equivalente à da Venezuela –, motivada pela invasão estadunidense, os preços iniciaram uma segura e constante rota ascendente.

A segunda grande investida governamental no terreno da economia se deu por um pacote de intervenções pontuais, lançado em 13 de novembro de 2001. Foram 49 leis, editadas pelo presidente da República, mediante uma Lei Habilitante. O mecanismo assemelha-se às medidas provisórias brasileiras. Um decreto aprovado pela Assembleia Nacional faculta ao mandatário legislar sem necessitar de aprovação parlamentar.

As iniciativas mais importantes foram a Lei de Terras, a Lei de Pesca, a Lei de Hidrocarbonetos, a Lei das Cooperativas, a Lei Geral dos Portos, a Lei do Sistema Microfinanceiro, a Lei do Setor Bancário, a Lei de Aviação Civil, Lei do Sistema Ferroviário, Lei da Segurança Cidadã, Lei de Zonas Costeiras, Lei de Gás e Eletricidade, Lei da Marinha, Lei de Caixas de Poupança, Lei

---

[6] Ibidem, p.117.
[7] Opep, *Annual statistic bulletin*, 1999, p.112 e 119.

do Turismo, Lei do Fomento e Desenvolvimento da Pequena e Média Indústria, Lei do Estatuto da Função Pública e a Lei de Licitações, entre outras.

Apesar de não estar em pauta nenhuma intervenção de ordem macroeconômica, o gesto oficial representou um verdadeiro cataclismo nos rumos da administração pública. O governo interveio, de uma penada, em numerosos pontos sensíveis da vida nacional, buscando concretizar vários itens da nova Constituição.

Entre todas as normas, três em especial provocaram a ira das elites econômicas venezuelanas: a Lei de Terras, a Lei de Pesca e a Lei de Hidrocarbonetos.

A primeira delas, a Lei de Terras e Desenvolvimento Agrário é razoavelmente extensa. Desenvolve-se ao longo de 281 artigos e desce a minúcias sobre a função social da propriedade, ocupação, produtividade e ociosidade da terra, taxação dos lotes e direitos dos proprietários, além de criar o Instituto Nacional de Terras (INT), com estrutura em todo o país, terminando por traçar as bases para uma reforma agrária.

Um dos pontos mais polêmicos da lei é definido pelo capítulo que trata da criação "do registro agrário". Este "terá por objetivo o controle e inventário de todas as terras com vocação agrária", compreendendo informações jurídicas, físicas e avaliativas das propriedades. A partir daí, os proprietários devem se "inscrever nos escritórios de registros de terras do INT, o qual expedirá o certificado" de propriedade. A lei é especialmente rigorosa com as terras ociosas, cujos proprietários devem provar sua utilização ou processos de melhorias ali estabelecidas. A expropriação só será realizada caso o dono não apresente "título suficiente de propriedade" ou prova de produtividade do terreno.

Foi o que bastou para céus e terras desabarem contra o governo. Uma campanha televisiva, que começava com rufar de tambores e uma tela toda negra, exibia pés descalços passando por cercas e culminava com um alerta: "As invasões atentam contra a propriedade privada". Uma das alegações é que o dispositivo legal incentivava o "caos no campo".

A Lei de Pesca e Aquicultura enfrentou sorte semelhante. Seus 103 artigos definem as modalidades de pesca permitidas no país. Logo na exposição de motivos, lembra-se o fato de que a "Venezuela é o país pesqueiro mais importante da área do Caribe". O texto foca sua atenção na "pesca artesanal" e na "pesca industrial". Um de seus objetivos é proteger a primeira modalidade por "empregar tecnologia de baixo impacto" e por manter cerca de "40 mil empregos diretos e 400 mil indiretos". Sobre a modalidade industrial, a regulação legal afirma que "a intensa exploração ... provocou o colapso do camarão branco e do cação no golfo da Venezuela", além de abalar fortemente o ecossistema da região.

A Federação Nacional de Associações Pesqueiras (Fenapesca), entidade empresarial, alegou que o texto oficial faz uma distinção entre pesca artesanal e industrial "que chega a ser odiosa, fazendo com que o pescador artesanal ... permaneça em seu estado de miséria e pobreza, pois o Estado não lhe outorga nenhum incentivo para crescer e desenvolver-se". Por fim, a Fenapesca insurge-se contra o limite de 6 milhas a partir do qual poderá desenvolver suas atividades. "É bem sabido que a pesca industrial baseia suas operações entre 3 e 6 milhas" da costa.

O fortalecimento do controle estatal da atividade petroleira, por intermédio do Ministério das Minas e Energia, é o aspecto central da Lei de Hidrocarbonetos.

> Os ingressos que, em razão dos hidrocarbonetos, receber a nação propiciarão o financiamento da saúde, da educação, de fundos de estabilização macroeconômica e do investimento produtivo, de maneira que se obtenha uma apropriada vinculação do petróleo com a economia nacional, todo ele em função do bem-estar do povo,

resumem as disposições gerais de seu texto. É uma lei bem mais enxuta – 68 artigos – que as duas anteriores, mas que procurava reduzir drasticamente a autonomia da PDVSA em relação ao poder público. Isso se acentuara na década de 1990, quando sua privatização chegou a ser cogitada. Ao longo de suas linhas, detalha-se o aumento dos repasses a título de *royalties* e impostos que o Estado, como seu único proprietário, deve receber.

A contrariedade aqui também não foi desprezível. Humberto Calderón Berti, ex-presidente da Opep (1979-1980) e da PDVSA e dirigente do Copei, afirmou que a Lei afetaria toda a população, "pois dificulta o desenvolvimento petroleiro, já que deterá os investimentos", o que gerará "mais desemprego e recessão".[8]

As 49 Leis Habilitantes foram a lenha que a oposição usou para atiçar a fogueira de um primeiro *paro* empresarial. As diversas entidades afiliadas à Fedecámaras se manifestaram concomitantemente contra o conjunto de leis, engrossando a chamada para um protesto nacional no dia 10 de dezembro de 2001, quando toda a Venezuela deveria parar suas atividades.[9]

No final da tarde do dia planejado, a oposição cantou vitória, alegando que 90% das atividades econômicas aderiram ao protesto. O governo retrucou que a manifestação teve alguma expressão em certas regiões de Caracas, mas não repercutiu no interior do país.

No entanto, as forças contrárias ao governo estavam exultantes. Sentiam-se mais fortes. Estava quase tudo pronto para o 11 de abril do ano seguinte.

---

[8] *Finanzas.com*, 30 de novembro de 2001.
[9] *El Universal*, 21 de novembro de 2001.

12. O GOLPE

No início de 2002, as tensões entre o governo e seus apoiadores e o campo oposicionista aumentaram muito. O melhor termômetro disso era a imprensa. O que se via em programas de TV e de rádio e nos jornais estava longe de ser apenas uma coleção de notícias esparsas contra o presidente. Tratava-se de uma verdadeira campanha. Não era necessário ser *chavista* para avaliar as coisas dessa maneira.

Chávez percebeu o jogo e resolveu investir nele. Quanto mais elevava o tom de seus discursos, mais eliminava nuances políticos na sociedade venezuelana. A polarização consolidava sua base de apoio entre os setores populares.

Com a temperatura política em elevação, o presidente tentou uma cartada espetacular, ao vivo, pela TV. Apesar das mudanças que operara na arquitetura jurídico-institucional do país, por meio da nova Constituição, e das alterações em alguns setores da economia, mediante as leis Habilitantes, ele não lograra tocar no funcionamento do nervo central da economia venezuelana, a PDVSA. Havia nomeado um novo presidente, Ali Rodriguez, que se legitimara também na secretaria-geral da Opep. Mas não conseguia inverter a dinâmica funcional da empresa. A maior parte de sua diretoria era integrada por membros da *meritocracia*, funcionários de carreira, nem um pouco alinhados com os pressupostos do chamado processo *bolivariano*. No início de abril, altos funcionários da companhia convocavam abertamente uma nova paralisação geral contra o governo.

A oposição tinha várias frentes de atuação. Elas estavam localizadas nos partidos políticos, na imprensa, no apoio tácito dado pela Casa Branca aos atos de protesto, no alto-comando das Forças Armadas e na direção da petroleira estatal. Seria muito difícil o governo comprar uma briga com tão amplo leque de adversários, de uma só vez.

Com a convocação das manifestações, pela segunda vez, feita pelos principais dirigentes da PDVSA, Chávez decidiu concentrar ali a carga de seus ataques. Era algo realmente estranho: um ente oficial incentivar marchas e atos contra o próprio governo. A ofensiva presidencial foi surpreendente.

Na manhã do domingo, 7 de abril, Chávez protagonizara seu já tradicional programa *Alô Presidente*,[1] misto de *show*, programa de variedades e palanque eletrônico, transmitido semanalmente ao vivo por mais de quatro horas pela TV estatal, canal 8. Pouco antes do início do programa, que teria como cenário os jardins do Palácio de Miraflores, Chávez, de jaqueta vermelha, pediu um objeto inusitado: – Um apito!

Um apito?, pensaram os presentes, para que o presidente necessitaria de um apito?

– Um apito, rápido, repetiu Chávez.

Corre-corre geral no Palácio. Gavetas foram reviradas, armários escancarados, escrivaninhas vasculhadas. Onde encontrar um apito na sede do governo?

Depois de muita procura, o objeto chega às mãos de Chávez, que logo inicia os trabalhos. Depois das saudações

---

[1] Com uma média superior a quatro horas de transmissão ininterrupta, o programa se divide normalmente em (1) prestação de contas da agenda presidencial da semana anterior; (2) anúncio de novas medidas; (3) propaganda e informação detalhada das iniciativas do governo, geralmente com a participação de ministros e quadros técnicos e com a indicação de como a população acessá-las; (4) contatos telefônicos diretos com a população; e (5) variedades, como sugestões de livros para leitura, divulgação de iniciativas de diversos tipos de entidades e movimentos sociais, discussão de temas polêmicos de interesse nacional e internacional. O programa é transmitido sempre de diferentes locais do país, desde uma escola situada em uma pequena localidade a um museu militar ou de uma grande favela de Caracas.

iniciais, apito na mão e de surpresa, o presidente começa a ler uma lista de nomes:

> – Senhor Eddie Ramirez, diretor-gerente de Palmaven... Prrrrrriiiiiiiiiiiiiiiiiiiii! *Ooooff-side*! Está demitido de seu cargo na Petróleos de Venezuela! Senhor Juan Fernández, gerente funcional de Planificação e Controle... Prrriiiiiiiiiiiiiiiiiiiii! *Ooooff-side*! O senhor está demitido de seu cargo na PDVSA!

Um a um, sete altos gerentes da empresa, que defenderam a adesão ao locaute foram dispensados sumariamente e ao vivo para todo o país. Monoglota, Chávez decidira usar uma expressão em inglês, típica do beisebol, esporte dos mais populares no país. Dirigia-se com ironia a uma parcela da elite que, segundo apoiadores do governo, tem nos Estados Unidos sua maior referência cultural e de costumes.

> Dei instruções claras ao presidente da PDVSA para que quem saia defendendo a paralisação seja despedido imediatamente, sem diálogo,

bradou Chávez. "A PDVSA deixará de ser uma caixa-preta, um Estado dentro do Estado", disse.

Deliberadamente, o mandatário atingiu de forma humilhante um dos pontos sensíveis das classes dominantes venezuelanas: a maneira como se organiza a *gente del petroleo*, um setor diferenciado dentro da sociedade e da economia do país. Os ânimos se exasperaram para além de qualquer limite imaginado e a imprensa intensificou seus ataques.

Meses depois, o presidente reconheceu, rindo, que "este foi um dos maiores erros que cometi, foi um abuso de minha parte".[2] O episódio, na verdade, apenas explicitava uma queda de braço muito mais profunda, que ocorria desde 1998 entre a diretoria da empresa e o governo. Chávez indicara uma parte da

---

[2] Entrevista a Marta Harnecker, *Hugo Chávez Frias, um hombre, um pueblo*, p.192, Caracas, 2003.

cúpula da corporação havia dois meses, provocando conflitos na direção.

A destituição da diretoria, de forma ruidosa, exasperou os ânimos. Os quatro dias que se seguiram foram repletos de articulações por parte das diversas facções da oposição e da tentativa oficial de chegar a uma tática para enfrentá-la.

O caminho encontrado pelo que se convencionou chamar de antichavismo foi ir para as ruas. Durante toda a semana após o 7 de abril, emissoras de rádio e de televisão privadas e os principais jornais da capital convocaram uma manifestação de protesto para a quinta-feira, 11 de abril. De dez em dez minutos, as chamadas apareciam nas telas e alto-falantes. "Nem um passo atrás" era o bordão oposicionista. A Central de Trabalhadores da Venezuela, historicamente nas mãos da AD, e a Fedecámaras resolveram "queimar os navios", conforme assegurou o jornal *El Universal*.

O 11 DE ABRIL

O resultado foi surpreendente. A partir das 9 horas da manhã, uma multidão concentrou-se em frente a um dos mais vistosos símbolos nacionais, o majestoso edifício de concreto e vidro fumê que abriga uma das sedes da PDVSA, no bairro de Chuao. Quem não estava lá, pôde acompanhar o protesto ao vivo, por uma cadeia televisiva formada pelos quatro principais canais privados, Venevisión, Radio Caracas, Globovisión e Televen.

A ideia era dar início ali a uma "greve nacional por tempo indefinido".[3] No anúncio da medida, estavam lado a lado duas figuras centrais da oposição: Pedro Carmona Estanga, presidente da Fedecámaras, e Carlos Ortega, presidente da CTV. Este último afirmou ter mantido conversações com membros do alto escalão das Forças Armadas, em busca de apoio.

El Universal é o mais tradicional jornal venezuelano e desde o início do governo colocou-se como um de seus mais

---

[3] *El Universal*, 11 de abril de 2002.

ferrenhos opositores. Seu entusiasmo com os protestos não demonstrava nenhuma sutileza:

> Esta ação é considerada a máxima expressão, em nossa história, de rechaço a um governo em exercício. A violência em diversas cidades do País, a sublevação de dois generais da Guarda Nacional, o rumor da declaração de estado de exceção, o endurecimento do Executivo e a intimidação dos trabalhadores de petróleo e da indústria de alumínio foram alguns dos elementos que incidiram para avivar a crise nacional.

Pedro Carmona é um empresário franzino, de sessenta anos. Tem ao lado Carlos Ortega. No final da manhã, os dois lideravam a manifestação oposicionista do alto de um palanque instalado no Parque del Este, gigantesca área verde na região central. As estações de televisão garantiam que mais de 500 mil pessoas estavam nas ruas protestando contra o governo, gritando consignas como "Renúncia já!", "Não temos medo!", "Nenhum passo atrás!", "Chávez bandido, Fidel é seu marido!" e "Cara de macaco, meta um tiro na cabeça!".

Os dois dirigentes conversam com algumas das pessoas que dividiam o palco e decidem anunciar um lance audacioso. Carmona toma o microfone e, com um pequeno pedaço de papel nas mãos, lê: todos deveriam seguir em passeata até o palácio de Miraflores.

O Palácio, uma sóbria edificação neoclássica, pintada de ocre-claro, erigida em fins do século XIX, toma um imenso quarteirão ajardinado no centro de Caracas. Atravessando a avenida Urdaneta, bem em frente, está o imponente Palácio Branco, edifício maior que Miraflores, ocupado pelo Conselho de Defesa Nacional e pelo batalhão da Guarda de Honra da presidência.

Ao mesmo tempo que Carmona incitava a multidão de opositores a rumar para o Palácio, lideranças governistas convocavam apoiadores do governo a manifestarem-se em frente à sede do Executivo. Perto do meio-dia, 3 ou 4 mil chavistas atenderiam ao chamado.

Quando a marcha oposicionista está a poucas quadras de Miraflores, disparos começam a ser feitos a partir do alto de edifícios. O pânico se instaura entre os manifestantes de lado a lado.

Em meio ao caos que começa a tomar conta do centro da cidade, cerca de oitocentos homens da Guarda Nacional tentam formar uma barreira humana, a fim de impedir o choque entre os poucos manifestantes pró-governo, aglomerados em volta do Palácio, e a marcha contrária. A Polícia Metropolitana, da Alcaldia Mayor, governada por Alfredo Peña, um ex-aliado de Chávez, entra na contenda. O que se vê a partir daí é farta distribuição de gás lacrimogêneo, paus, pedras e balas vindas do alto. Apesar de maciça, a marcha oposicionista começa a se dispersar, sem sequer alcançar a ponte Llaguno, uma passagem de nível entre as avenidas Urdaneta e Baralt, a 200 metros de Miraflores.

Enquanto tudo isso acontecia, uma leitura muito particular dos fatos era feita pelas emissoras de TV. Quem assistia aos acontecimentos em casa, era informado de que paramilitares de confiança de Chávez estariam executando participantes de manifestações pacíficas.

Como prova de que um massacre estaria em curso, as TVs mostravam imagens nas quais um "bolivariano" descarregava sua pistola de cima da ponte Llaguno para algum alvo abaixo, na avenida Baralt. A cena focava apenas o atirador, sem mostrar para onde este apontava o cano de sua arma. A conclusão do comentarista era a de que "pelo menos cinco" manifestantes da "sociedade civil" foram assassinados por aquele homem. Meses depois, outra cena, não exibida à época, veio a público. Ela exibia o mesmo ato, visto de um ângulo que permitia observar a via abaixo. Não havia marcha alguma a menos de 1,5 quilômetro da ponte.

O saldo dos choques entre polícia, oposicionista, Guarda Nacional, governistas e, sobretudo, a ação dos franco-atiradores resulta, ao final do dia, em dezenove mortos e quase duzentos feridos.

Exatamente às 15h45, Chávez dá início a um discurso por meio de uma rede nacional de rádio e televisão. Transmitida a partir do Salão Ayacucho, local para recepções formais, num subterrâneo anexo ao Palácio, o presidente tinha à sua direita a bandeira da Venezuela e ao fundo um retrato de Simon Bolívar. Começou dizendo que "tudo está normal" e pediu para que a violência fosse evitada. Denunciou o que seria uma manipulação dos acontecimentos por parte das emissoras de televisão. Neste momento, os canais privados fazem algo inusitado. A tela foi dividida em dois. De um lado, aparecia Chávez falando e, de outro, imagens da marcha e dos choques nas ruas. No rodapé, surgiu um texto: "Consideramos que a transmissão em cadeia imposta pelo poder executivo nacional é expressão de um abuso de poder e de uma exorbitância de funções". De repente, o som da fala presidencial foi desligado e o áudio passa para as cenas externas.

Irritado com o que considera uma afronta, o presidente, uma hora depois de iniciar a transmissão, anunciou que os sinais das emissoras Rádio Caracas, Venevisión e Globovisión "estão fora do ar, pois pertencem ao Estado". Somente por volta das 9 horas da noite a situação se normalizaria.

Os acontecimentos se aceleravam.[4] A mídia passou a apontar Pedro Carmona como o "responsável pela transição". O general Camacho Kairuz, da Guarda Nacional, pediu a renúncia de Chávez. E, no início da noite, veio literalmente um petardo: o ex-presidente da Assembleia Nacional Constituinte e principal negociador da situação na Assembleia Nacional, o veterano ex--deputado e ex-ministro do Interior Luís Miquilena, declarou que "O presidente é o principal responsável pelo que ocorreu na tarde de hoje e ninguém lhe tirará esta responsabilidade". Embora o distanciamento do histórico dirigente, já octogenário, viesse ocorrendo paulatinamente desde o fim do ano anterior,

---

[4] As informações deste trecho são do diário *El Universal*, de 12 e 13 de abril de 2002, de entrevistas com Maximilien Arvelaiz e Moisés Duran e dos livros *Pdvsa y el golpe* (vários autores), Caracas, Editorial Fuentes, 2003, *Coup against Chávez in Venezuela*, Fundación Venezolana para la Justicia Global e Fundación por un Mundo Multipolar, Caracas, 2003, e *Objetivo: Miraflores, retratos de un país herido*, Caracas, Cadena Carriles, 2002.

Chávez interpretou o gesto como uma traição. Logo após, dez generais da Guarda Nacional anunciam não mais reconhecer o presidente e pedem sua renúncia.

O clímax acontece quando o governo perde seu principal meio de contato com a população: os opositores conseguem tomar a TV estatal, o Canal 8. Eram 10 horas da noite. A situação parecia chegar a um beco sem saída para o oficialismo.

A conclusão lógica entre as várias pessoas que se aglomeravam na sala foi "Vivemos um golpe de Estado!". Um golpe no qual não haveria a tomada do Palácio, a consequente ocupação militar e a deposição física do presidente. Tratava-se de uma sublevação de novo tipo, um golpe virtual, um *pronunciamiento* midiático.

Vestido com uniforme militar camuflado, boina vermelha de paraquedista, "com meu fuzil e minha pistola ao lado"[5] e sentado numa cadeira verde em sua sala, Hugo Chávez ouvia opiniões de ministros, parlamentares, assessores e militares.[6] Choro contido, abraços e silêncio. Havia três opções na mesa. A primeira era resistir, a exemplo do que fizera Salvador Allende, no Chile, quase três décadas antes. A segunda, uma variante da anterior, era deslocar-se até Maracay, a 100 quilômetros de Caracas, para o único quartel do Exército que, com segurança, estava nas mãos de comandantes leais ao governo. E, por fim, entregar-se. O tenente-coronel consultou algumas pessoas de confiança. Por telefone, Fidel Castro, aconselhou-o: "Não te imoles". Após uma breve e nervosa reflexão, Chávez optou pela última alternativa.

Os relógios marcavam uma e meia da madrugada do dia 12, quando o comandante do Exército, Efraín Vasquez Velasco, principal porta-voz dos rebeldes, anunciou que dois oficiais, os generais Manuel Rosendo e Eliézer Hurtado Soucre,

---

[5] Entrevista à jornalista Maria Cristina Uribe, da TV1, da Colômbia, em 20 de maio de 2002.
[6] Baseado em relato da jornalista Teresa Maniglia, *La noche cuando se lo llevaron*, Caracas, 2003.

encontram-se em Miraflores, negociando a renúncia do presidente. Chávez havia imposto condições para deixar o governo: "Respeito à integridade das pessoas, respeito à Constituição, dirigir-se ao país pela televisão e rumar para o exílio com um grupo determinado de auxiliares". Após uma hora e meia de negociações, os emissários começam a impacientar-se com as exigências e Rosendo deu um ultimato: "Ou Chávez vem conosco, ou lhe mandamos um batalhão de tanques". O presidente disse que não renunciaria nem assinaria documento algum previamente redigido.

Chávez é detido. Na saída de seu gabinete, com lágrimas nos olhos, estavam seus mais fiéis aliados e amigos. Todos se deram as mãos e formaram um corredor polonês, enquanto cantavam, a plenos pulmões, o Hino Nacional.

O dirigente aperta as mãos de um a um, antes de entrar num automóvel que o levaria em direção ao Forte Tiúna, em companhia de José Vicente Rangel, do monsenhor Baltazar Porras, presidente da Conferência Episcopal da Venezuela. Sairia escoltado por vários militares até o Forte Tiúna. Três anos e quatro meses após ter sido eleito, ele deixava Miraflores dizendo:

> Não quero derramamento de sangue; não quero que destruam, ou que matem esse povo. Eu sou um presidente preso.[7]

---

[7] Segundo o coronel Jesús Cardona, em depoimento a Marta Harnecker, *Militares junto al pueblo*. Caracas: Vadell Hermanos Editores, 2003, p.127-67.

13. A TRAMA SE DESFAZ

Na mesma madrugada em que Chávez era levado ao Forte Tiúna, por um comboio de quatro carros blindados, começaram as comemorações nos bairros de classe média alta da zona leste. O Forte é uma verdadeira cidade dentro de Caracas. Situado em seu setor sudoeste, lá estão abrigados quase 20 mil militares, a Academia Militar, divisões blindadas, heliporto, base aérea, clube, moradia etc. É um símbolo do Exército Venezuelano.

Panelaços, buzinaços e rojões contrastavam com um absoluto estupor nos *cerros*, o equivalente local aos morros cariocas. Os bairros populares de Catia, 23 de Janeiro e Petare, que abrigam grandes áreas faveladas, permaneciam praticamente em silêncio.

Os principais protagonistas do movimento golpista, Carlos Ortega e Pedro Carmona, souberam se valer bem dos meios de comunicação. Ainda no fim da tarde de quinta-feira, após a marcha, tomaram uma pequena caminhonete Corsa e rumaram para os estúdios de Venevisión,[1] uma das mais importantes emissoras do país. Havia vários participantes do movimento sendo entrevistados ao vivo. A dupla ficou na emissora até pouco depois do anúncio da renúncia de Chávez, feito por Lucas Rincón. Saíram em seguida. Ortega alegou que iria descansar na casa de um amigo. Carmona afirmou que iria ao hotel Four Seasons.

---

[1] Segundo Phil Gunson e David Adams, "The unmaking of a coup", *St. Petersburg Times* de 22 de abril de 2002, republicado em *Coup against Chavez in Venezuela*. Gregory Wilpert (Org.), Fundación Venezuelana para la Justicia Global e Fundación por um mundo multipolar, Caracas, 2003.

"Todos estavam cansados", disse um dos presentes, o consultor político da CTV, Miguel Manrique. "Foi aí que os problemas começaram."

Duas horas depois, quando Ortega liga a TV, fica chocado com o que vê.

Pedro Carmona estava em Forte Tiúna, com a mesma camisa branca usada na marcha do dia anterior. Havia acabado de participar de uma reunião fechada com Isaac Pérez Recao, jovem comerciante de armas residente em Miami e sócio da companhia petroquímica Venoco. Em uma confusa coletiva de imprensa, rodeado por militares, o líder empresarial afirma ter sido designado para assumir a chefia do país, por meio de um governo de transição.

Havia sido dado um golpe dentro do golpe. Embora as evidências não sejam de todo claras, as marcas de quem seriam os principais beneficiários dessa súbita alteração podem ser detectadas quando se vê quem rodeava Carmona naqueles dias. Os acontecimentos subsequentes deixariam as coisas mais nítidas.

O respaldo norte-americano ao golpe se evidenciou rapidamente. Charles Shapiro, que dois meses antes assumira o cargo de embaixador em Caracas, visitou Pedro Carmona em Miraflores, no mesmo dia de sua posse. Enquanto isso, o FMI anunciava a disponibilização de recursos financeiros para a Venezuela. E o porta-voz da Casa Branca, Ari Fleischer, disse à imprensa que "as ações provocadas pelo governo Chávez provocaram a crise".

O repórter Duncan Campbell, do jornal inglês *The Guardian*, esteve em Caracas na última semana de abril e recolheu mais evidências da participação norte-americana no complô. Em 29, ele escreveu:

> Os Estados Unidos vêm considerando a possibilidade de um golpe para derrubar o presidente eleito da Venezuela, Hugo Chávez, desde pelo menos junho de 2001. A afirmação é de um ex-oficial do serviço de inteligência dos EUA. ... Roger

Randon afirma que dois altos militares, James Rogers e Ronald MacCammon, estiveram em Forte Tiúna, com os líderes do golpe, na noite de 11 para 12 de abril.

CONFRATERNIZAÇÃO

O Palacio de Miraflores passou a ser cenário de altas confabulações, logo na sexta-feira pela manhã. Um grupo de empresários do setor de telecomunicações também marcou presença. Entre eles estava Gustavo Cisneros, proprietário do canal de TV Venevision, sócio da rede DirectTV e, possivelmente, dono da maior fortuna do país, o executivo Alberto Ravelli, da Globovision, e Marcel Granier, da RCTV. Vieram também financistas, criadores de gado, industriais, generais, políticos leais etc.

Quase tudo parecia perfeito, até àquela hora, na festa programada pelos golpistas. Da classe média para cima, praticamente todos comemoravam. Mas o caldo começou a entornar no início da tarde.

O procurador-geral da República, Isaías Rodriguez, resolveu convocar uma coletiva de imprensa para as 14 horas, na qual iria anunciar a renúncia presidencial, abrindo assim caminho para a legalização do novo governo. Se o cargo estava vago, não haveria problemas para que uma junta se encarregasse de tocar os destinos do país até a normalização da situação. Rodríguez, um experiente advogado e ex-senador de sessenta anos à época, articulava ali o lance mais ousado de sua vida. Fez questão de falar ao vivo pelos meios de comunicação.

Tudo acertado, o procurador faz uma introdução, até certificar-se de que todas as câmeras de televisão e os microfones de rádio à sua frente estão transmitindo em tempo real. Então, rasga o *script* logo no início do *show*.

> Não há dúvida de que estamos diante de um golpe de Estado, e queremos que nos digam claramente que é disso que se trata. De acordo com a Constituição, se o presidente renunciou, quem deve substituí-lo é o vice-presidente. Não há certeza sequer de sua destituição ou renúncia, disse ele entre câmeras e microfones.

Ainda nessa manhã de sábado, a 42ª Brigada de paraquedistas, em Maracay, a 108 quilômetros da capital, comandada pelo general Raul Isaías Baduel e apoiada pelas guarnições de Carabobo e Guarico, tornou-se o quartel-general da resistência nos meios castrenses. Em seguida, foi a vez da Base Aérea de Libertador, na Grande Caracas. Poucas horas depois, a rebeldia tornava-se pública, com a adesão de outros comandantes.

Tudo confluía para uma ação fundamental, a tomada de Miraflores, planejada desde as 9 horas da manhã.

Apesar da ousadia de Isaías Rodriguez, o cronograma do golpe parecia não se alterar. Às 17h30 do mesmo sábado, o novo governo resolveu se autoempossar no salão Ayacucho, o mais importante de Miraflores. De terno azul-escuro, banho tomado e ar de vencedor, Pedro Carmona postava-se diante de membros do alto-comando militar, de diplomatas, de representantes da Igreja Católica, de proprietários de meios de comunicação, de empresários, de industriais e de alguns sindicalistas e políticos. Após uma burocrática fala no microfone, o novo líder é saudado enfaticamente. Em seguida, Daniel Romero, designado procurador-geral da República, passa a ler, com voz grave, o decreto de constituição do "governo de transição democrática e unidade nacional". De uma penada, o texto anunciava a dissolução da Assembleia Nacional, a cassação de deputados, a suspensão das atividades do Tribunal Supremo de Justiça, a revogação dos 49 decretos lançados por Chávez no ano anterior, além de outras medidas. Por fim, ele anuncia a convocação de novas eleições gerais num prazo de um ano.

Visivelmente eufórico, o dirigente empresarial guindado à presidência anuncia os sete primeiros nomes de sua equipe ministerial. Alguns deles, em especial o ministro das Relações Internacionais, José Iturbe, não escondiam suas vinculações com a organização católica ultraconservadora Opus Dei. A nomeação do ministro da Defesa, vice-almirante Hector Ramírez Pérez, gerou imediatos descontentamentos na área castrense.

Os diretores da PDVSA destituídos por Chávez seriam reconduzidos à estatal. Entre as várias situações nunca engolidas pela oposição, estava o acordo de cooperação firmado entre Hugo Chávez e Fidel Castro, em Miraflores, em 30 de outubro de 2000. Pelo documento, a Venezuela assegura o fornecimento de 53 mil barris de petróleo diários a Cuba, dos 100 mil que o país consome, em condições especiais, tendo por base os preços do mercado internacional. A ilha caribenha, desde a queda da ex-União Soviética, não conta com um abastecimento regular do produto, utilizado não só para colocar em movimento sua frota de veículos, mas especialmente suas usinas termelétricas. Além de pagar, Fidel compromete-se a compensar as condições de financiamento mediante o fornecimento de serviços médicos, educacionais e esportivos à Venezuela. Também está pautado o envio de remédios, vacinas, açúcar e conhecimentos nas áreas da indústria do turismo e do açúcar. O tratado inclui a vinda de médicos, professores e até 3 mil técnicos esportivos.

No mesmo dia, Edgar Paredes, diretor de refino e comércio da PDVSA, anunciou que "não vamos mandar nem um só barril a mais a Cuba".

Mas as articulações não corriam bem pelo lado militar. Além da nomeação do ministro da Defesa, surgiam mais arestas. O comandante do Exército, general Efraín Vasquez Velasco, exigiu "reformas imediatas", respeito à Constituição e ao presidente deposto, caso contrário, retiraria o apoio à nova administração. Em seguida enunciou alguns pontos para manter seu respaldo a Carmona. Entre eles, estavam a volta da Assembleia Nacional, a manutenção dos governadores e prefeitos eleitos, e a restituição dos poderes anteriormente em vigência. "Isto não é um golpe de Estado", concluiu.

As manifestações populares

Na madrugada de domingo teve início, em vários bairros populares, primeiro de forma tímida e depois intensa, um panelaço que se prolongou por várias horas. Os *cerros* começaram a ferver e seus habitantes, de forma espontânea, se dirigiam para as imediações de Miraflores e para as cercanias do Forte Tiúna, onde diziam estar o Presidente deposto. As notícias eram desencontradas. "Onde está Chávez?" era a pergunta que corria de boca em boca. Em pouco tempo, tanto o Palácio quanto o Forte tiveram multidões postadas em seus arredores. "Onde está Chávez?" era a senha em todas as falas. "Queremos vê-lo!"

Rapidamente, a situação virou. Passava um pouco das 5 horas da tarde, quando efetivos do batalhão de Caracas detiveram Pedro Carmona. O golpe estava derrotado pela pressão popular, pela reação militar e pelo isolamento internacional dos rebeldes. Os únicos países a saudar explicitamente os golpistas haviam sido os Estados Unidos, a Espanha e o Peru. O restante da América Latina expressou seu descontentamento com a quebra da institucionalidade no Caribe.

Durante as 46 horas em que permaneceu nas mãos dos golpistas, Chávez ficara detido inicialmente no próprio Forte Tiúna. Temerosos de manifestações nas portas da guarnição, os militares rebelados levaram-no para a Base Militar Naval de Turiamo, no litoral, a 100 quilômetros a leste de Caracas, próxima à cidade de Maracay.

Chávez ainda seria levado, quase à noite, para a base da ilha de La Orchila, a cerca de 180 quilômetros a noroeste de Caracas, no mar do Caribe. Nessa hora, pensou que iriam matá-lo. Ele nega, mas alguns assessores garantem que teria sido torturado no cativeiro. Raul Baduel chegou a pensar numa ousada operação de resgate, mas a dissolução do golpe tornou a ação desnecessária. Horas depois, voltaria ao continente num helicóptero rumo a Miraflores, onde pousou às 3h30 do domingo. Em volta, dezenas de milhares de pessoas ovacionavam a volta do presidente. O golpe acabara. Embora Chávez tivesse se fortalecido, os ataques contra o governo não cessariam ali.

Mas aqueles três dias entraram definitivamente na história da Venezuela.

14. Sabotagem petroleira

Apesar dos lances de extrema tensão e nervosismo, o golpe de abril de 2002 não foi a mais séria ameaça sofrida pelo governo Chávez até então. A partir de 2 de dezembro seguinte, os mesmos atores envolvidos nas movimentações do primeiro semestre uniram-se na realização de uma paralisação nacional de 63 dias, que incluiu a interrupção quase total da produção de petróleo, sabotagens, fuga de capitais, brutal queda da atividade econômica e retração das exportações, entre outras turbulências. Foi uma ação mais extensa, profunda e danosa à economia nacional, mas pobre em efeitos teatrais. Não houve um presidente deposto e preso e tampouco se viram lances de inventividade política como a do procurador-geral Isaías Rodriguez, ao anunciar ao vivo, para todo o país, a existência de um golpe de Estado. E, sobretudo, não aconteceram maciças concentrações populares à altura das jornadas do outono anterior. Mas *el paro*, como os venezuelanos chamam o episódio, colocou o governo diante de um risco mais concreto, por conseguir abalar a estrutura produtiva e a credibilidade e a autoridade governamental numa escala muito maior. Evidentemente, essa é uma constatação feita *a posteriori*. No calor dos acontecimentos, cada desafio é decisivo.

A situação política do país continuou extremamente tensa após o golpe. Um mês depois, a oposição ainda conseguiu realizar uma grande manifestação com cerca de 100 mil pessoas no Parque del Este, vestidas em sua maioria de preto, exigindo novamente a saída de Chávez. A acusação passou a ser a responsabilidade nas dezenove mortes ocorrida nas ruas, no início de abril.

A oposição apoiou-se sobre o tripé Forças Armadas Nacionais (FAN), PDVSA e meios de comunicação. O único pé fora da esfera de atuação governamental é o terceiro deles. Assim, ao mesmo tempo que buscou o diálogo depois de abril, o governo tratou de mudar o alto comando das FAN, a partir de 5 de julho, dia da Independência, data em que tradicionalmente o presidente da República realiza promoções e passa os generais mais antigos para a reserva.

Menos de dois meses depois de suas peripécias, Pedro Carmona, que estava em prisão domiciliar, fugiu para a embaixada da Colômbia, país no qual acabou se exilando. Em março de 2003, Carlos Ortega solicitou asilo na Costa Rica. Após a medida ter sido revogada, o sindicalista foi preso em Caracas, em março de 2005. Pouco mais de um ano depois, ele escaparia da penitenciária, onde cumpria pena, em uma fuga na qual não faltaram suspeitas de conivência com setores da segurança local. Depois disso, passou a viver em Lima, no Peru.

Outros participantes do golpe foram processados. Chávez foi habilmente eliminando, de forma paulatina e em setores decisivos, os focos de resistência a sua liderança. Ao desanuviar a situação nas Forças Armadas, restava debelar ainda pesadas arestas na estatal petroleira, a PDVSA.

O *paro* aconteceu a partir da tarde de 4 de dezembro de 2002, quando o gigantesco navio-tanque *Pílin León* paralisou suas atividades, em pleno lago Maracaibo, rota de saída para o mar do Caribe. O nome da embarcação é uma homenagem à Miss Mundo 1981. Ela carrega em si o simbolismo das duas maiores glórias venezuelanas, o petróleo e a fama de ser o país que mais beldades forneceu aos concursos dessa natureza. São quatro Misses Mundo e seis Misses Universo, além de quinze finalistas nessa última categoria, até 2008.

A convocação empresarial conseguiu fechar parte do comércio de Caracas, especialmente nas regiões de classe média alta. Lojas, restaurantes e mesmo parte das empresas privadas baixaram suas portas. A adesão da indústria petroleira faz do protesto a maior paralisação de atividades econômicas que aquela região do Caribe já conheceu em toda sua história.

Horas depois do motim da tripulação do *Pilin León*, grande parte da frota da PDV Marina parou por todo o país. Aos poucos, os principais portos e unidades da empresa encerram suas atividades. A produção petroleira cairia de mais de 3 milhões de barris diários para menos de 150 mil.[1]

O impacto sobre o cotidiano da população, em poucos dias, tornou-se dramático. No primeiro momento, as filas nos postos de gasolina tornaram-se intermináveis e o sistema de transportes começou a entrar em pane. Como consequência, faltaram gêneros nas gôndolas dos supermercados, gás de cozinha e suprimentos nos restaurantes. No alto verão desapareceram do comércio sucos, refrigerantes e cervejas. Os principais shopping centers deixaram de funcionar. O imponente centro comercial Sambil, orgulho da classe média caraquenha, permaneceu quase dois meses inativo. Praticamente a totalidade das escolas particulares suspendeu as aulas. Parte da rede pública tentou também fechar os portões para os alunos.

Tudo foi potencializado pela voz pretensamente indignada dos meios de comunicação, que debitaram a nova tragédia na conta governamental.

Reação governista

O *paro* tornou-se um embate cotidiano entre governo e oposição. Na tarde do dia 20 de dezembro, forças da Marinha tomaram o *Pilín León*, em uma ação cinematográfica, levando-o a se mover em direção ao lago Maracaibo. O clima de impasse, somado ao calor sufocante em todo o país, encontrava ali uma válvula de escape.

Em Caracas, pedestres se detêm nas calçadas para assistir às imagens transmitidas ao vivo nas televisões das vitrines das lojas que permaneceram abertas. Escutaram-se buzinaços em

---

[1] *El Universal*, 1º de janeiro de 2003.

algumas regiões e o troar de rojões em outras. Para o governo, a operação tinha o sabor de um novo 13 de abril, quando o golpe foi abortado. O *Pilín León* significava o primeiro passo na tomada do controle da PDVSA.

No domingo, 23 de dezembro, um exultante Chávez apareceu no programa *Alo Presidente*, para anunciar o fim do bloqueio petroleiro e denunciar uma "sabotagem nacional e internacional", corporificada por altos funcionários da PDVSA. Em seguida, anunciou que várias refinarias sabotadas estavam sendo reparadas por funcionários leais a *la Revolución*.

O Natal foi de vacas magras. Com grande parte do comércio fechada e com falta de produtos, a sensação em Caracas era de uma economia de guerra. Para solucionar carências emergenciais, a Venezuela teve de fazer algo impensável em condições normais: importar gasolina. Em 28 de dezembro, o navio-tanque *Amazon Explorer*, da Petrobras, levou ao porto de Guaraguao a carga de 521 mil barris de gasolina. Um total de US$ 700 milhões chegou a ser gasto em importações do produto, para minimizar o desabastecimento.

A articulação das forças antichavistas começou a mostrar sua debilidade ao longo do primeiro mês de 2003. O desgaste de parte do comércio caraquenho estar fechada foi jogado nas costas da oposição. No penúltimo dia de janeiro, os bancos anunciaram a volta ao funcionamento normal para a segunda-feira, 3 de fevereiro. Em seguida, reabriram o centro comercial Sambil e outros shopping centers. Depois de 63 dramáticos dias, Chávez derrotava o protesto oposicionista. A PDVSA anunciava, na virada do mês, que retomava a produção, alcançando a marca de 1 milhão de barris por dia.

Involuntariamente, os grevistas deram respaldo político a uma necessidade de enxugamento no quadro geral da empresa. "Antes do *paro*, em julho de 2002, a gerência de Recursos Humanos, após realizar um minucioso levantamento, concluiu que tínhamos quase 8 mil funcionários supérfluos, num quadro total de quase 42 mil", afirma Ali Rodriguez, o então presidente da companhia.[2] Assim, cerca de 18 mil funcionários – "a maioria de postos com altos salários", garante ele – foram demitidos.

Depois de afastar parte da alta oficialidade das Forças Armadas, Chávez investia contra outro foco de apoiadores do golpe. Aos poucos, desmontava as articulações que o tiraram do poder por três dias e as quais haviam-se tornado o principal obstáculo à sua gestão.

---

[2] Entrevista com Ali Rodríguez em 19 de julho de 2003.

15. Recuperando a legitimidade

Após derrotar politicamente os insurgentes do *paro*, o governo teve de se defrontar com uma abissal crise econômica. O bolívar desvalorizara-se 25% em relação ao dólar, apenas em janeiro de 2003. Numerosos estabelecimentos comerciais que fecharam as portas em dezembro, como forma de protesto, nunca mais reabriram. Dois meses depois, o FMI, em seu *World economic outlook*, projetava uma queda de 17% no PIB para o ano de 2003. Um dos sintomas do *paro* foi uma fuga de capitais da ordem de US$ 7 bilhões, segundo o governo.

Diante do quadro, medidas de extrema urgência foram tomadas, como controle de preços e de câmbio. Esta segunda providência foi a que causou maiores controvérsias.

O Ministério das Finanças[1] justificou a medida, explicando que

> a partir de 2 de dezembro, iniciou-se uma campanha especulativa contra nossa moeda, que teve seu valor real deteriorado. Para desestabilizar o país, poderosos interesses econômicos começaram a sacar grandes volumes de capital, afetando as reservas internacionais.

O comunicado oficial indicava que "o controle garantirá a existência de dólares para os insumos básicos, alimentos e medicamentos" e "estabilizará a economia, detendo a alta especulativa do bolívar, reduzindo-se as taxas de juros", enquanto "se recupera a indústria petroleira".

---

[1] *Tudo sobre el control de cambio*, folheto explicativo dos Ministérios das Finanças e da Comunicação, março de 2003.

Esse era o quarto controle de câmbio adotado desde 1961. Para adquirir dólares, cidadãos e empresas deveriam apresentar sua documentação à Comissão de Administração de Divisas, organismo oficial, criado em fevereiro de 2003. Uma das comprovações necessárias é uma declaração atestando que o solicitante encontra-se em dia com o fisco.

O controle de câmbio foi mantido pelos anos seguintes. Inicialmente fixada em 1.600 bolívares por dólar, a taxa oficial alcançava, em maio de 2008, 2,15 bolívares por dólar, após quatro desvalorizações. Uma reforma monetária, em janeiro de 2008, cortara três zeros da moeda nacional. Apesar da grande entrada de moeda estadunidense na economia, por força das cotações ascendentes nos preços do petróleo, nos anos seguintes, o Banco Central da Venezuela (BCV) manteve suas reservas cambiais ao redor de US$ 35 bilhões, o que impediu uma sobrevalorização da moeda nacional. Tal situação poderia prejudicar as próprias exportações de petróleo, por deixar seus preços pouco competitivos no mercado externo.

De acordo com Leonor Filardo, vice-presidenta do BCV em 1993 e 1994 e ex-funcionária do FMI, "O bolívar não tem respaldo nas reservas internacionais". Segundo ela, seriam necessários cerca de US$ 70 bilhões em reservas para se manter o câmbio oficial em 2.150 bolívares, como aconteceu em 2003. "A falta de respaldo é um indicativo de que a liquidez está aumentando e com isso aumenta a inflação", disse ela.[2] Ou seja, a moeda não estaria sobrevalorizada. O fenômeno não aconteceu nos anos seguintes, mesmo com a elevação dos preços do petróleo.

Os problemas da economia petroleira[3]

A retomada da ofensiva política governista, após a desaceleração acentuada da atividade econômica em 2003, teve bases sólidas para se materializar. Após uma ligeira queda entre 2001

---

[2] http://www.guia.com.ve/noticias/?id=20561
[3] Agradeço à economista Denise Lobato Gentil as várias sugestões para este capítulo.

e 2002, os preços internacionais do petróleo conheceram uma elevação constante nos anos seguintes.[4] Em 2004, a China ultrapassou o Japão como segundo maior consumidor do mundo, absorvendo 6,5 milhões de barris por dia. A marca representa quase o dobro de dez anos antes, embora os Estados Unidos permaneçam na dianteira, sugando cerca de 20,5 milhões de barris por dia, ou 24% da produção mundial.[5]

A China é a grande novidade do mercado internacional de energia. O crescimento de sua economia projeta um consumo acima de 12 milhões de barris por dia em 2020[6] e evidencia um aumento geral da demanda mundial. Em miúdos, isso significa que a pressão altista nos preços não deve arrefecer, a não ser que ocorram descobertas espetaculares de novas reservas naturais. Os preços médios do barril, que estavam em US$ 24 em 2002, passaram para US$ 36 em 2004 e romperam a barreira dos US$ 60 no ano seguinte.[7] Em 2008, as cifras alcançavam US$ 130, em uma escalada sem precedentes. Este é o vento a favor com o qual Chávez conta para tomar numerosas iniciativas tanto no plano interno quanto na arena internacional.

O grande nó estrutural da economia venezuelana, há várias décadas, está na forma como o país lida com sua fonte maior de riqueza, o petróleo. Em uma economia periférica, cercada por bloqueios históricos, financeiros, econômicos, infraestruturais, tecnológicos, políticos etc., o combustível não tem como propósito principal possibilitar o desenvolvimento interno, mas de se constituir como parte dos interesses e das economias dos países ricos.

A abundância natural conforma também um regime extrativista e primário-exportador. Tal característica inibe a

---

[4] Ver Opec, *Annual statistical bulletin*, 2005, p.119-20, www.opec.org
[5] China's oil needs are high on US agenda, *New York Times*, 19 de abril de 2006.
[6] Fonte: International Energy Association (www.iea.org).
[7] A maior parte do petróleo venezuelano é extrapesada, o que demanda técnicas mais sofisticadas de refino. Seu preço costuma ser ligeiramente inferior ao de petróleos mais leves.

diversificação da planta produtiva e torna a Venezuela vulnerável às oscilações do óleo no mercado internacional, como já vimos em capítulos anteriores. Em fases de baixas nos preços, como se sucedeu na maior parte dos anos 1980 e 1990, o país sucumbe em prolongadas crises econômica, social e política.

A partir dos anos 2000, o problema ficou parcialmente encoberto pela alta contínua e estrutural dos preços internacionais. Inundada por petrodólares, a economia venezuelana vive uma bonança semelhante à registrada na década de 1970, com uma diferença. Agora, a expectativa de quedas significativas nos preços é muito menor. Ou seja, a sensação de estabilidade econômica – e até de crescimento impulsionado pelas exportações de petróleo – é mais acentuada. Isso tende a fazer que a perspectiva de mudanças significativas no modelo, em busca da diversificação produtiva, seja desestimulada. Uma alteração nesse panorama só acontecerá se o Estado, mediante uma decisão política, tiver força e decidir intervir nas distorções provocadas pelo mercado. Caso isso não aconteça, a vida seguirá, como ao longo de boa parte do século XX, dependente da renda oriunda de seu subsolo.

A supremacia quase absoluta do petróleo na economia embute uma contradição grande para outras atividades produtivas. Um dos fatores de tal inibição econômica não é fenômeno exclusivo venezuelano. Já foi classificado pelos estudos econômicos pelo nome de *doença holandesa*.

O processo é antigo, mas foi assim batizado por conta da descoberta de grandes reservas de gás natural na Holanda, na dácada de 1960. Apesar de a nova riqueza natural ter possibilitado, como consequência inicial, grande entrada de capitais, com correspondente aumento da renda média da população, o impacto de tal situação não se deu por igual em toda a economia. Houve uma pressão pela valorização da moeda nacional, o florim, em relação ao dólar. Isso afetou as exportações de outras mercadorias de maior valor agregado, isto é, de produtos industrializados, que se tornaram mais caros em relação a outras moedas. A pressão sobre o câmbio também tornou as importações mais baratas e tirou competitividade da indústria holandesa.

Apesar de os setores primários serem os responsáveis por produtos de menor valor agregado, eles acabam por impor sua dinâmica sobre o câmbio, pelo peso que representam na pauta de exportações de países não industrializados. O caso do petróleo tem especificidades. Como lembra o economista brasileiro Luiz Carlos Bresser Pereira,

> Esse setor, por mais amplo que seja no país, emprega pouca mão de obra, e como inviabiliza o restante da economia de bens comercializáveis, acaba tendo efeitos desastrosos sobre a economia do país.[8]

A Venezuela representa um caso típico de doença holandesa. De acordo com a Comissão Econômica para a América Latina e o Caribe (Cepal), 70,5% da pauta de exportações da Venezuela é composta por petróleo cru e outros 19,5% por derivados do produto.[9] A entrada de dólares na economia, fruto das exportações de petróleo, tende a valorizar o câmbio e a desequilibrar outras iniciativas econômicas. As tentativas de se alterar esse quadro, em outros tempos, acabaram em fracasso.

Um dos exemplos mais ousados de tentativa de diversificação da matriz produtiva nacional aconteceu a partir da ditadura do general Marcos Pérez Jimenez, entre 1948 e 1958. Buscando materializar um projeto desenvolvimentista baseado no Estado, seu governo promoveu, entre outras iniciativas, a instalação de um complexo siderúrgico em Ciudad Guayana, no estado de Bolívar. A Siderúrgica do Orinoco (Sidor) funcionou fortemente subsidiada, como forma de compensar a defasagem cambial, até ser privatizada em 1997, durante o segundo governo

---

[8] Para uma reflexão mais ampla sobre a doença holandesa, ver Bresser Pereira, Luiz Carlos. *Macroeconomia da estagnação, crítica da ortodoxia convencional no Brasil pós-1994*. São Paulo:, Editora 34, 2007, p.120-31.
[9] http://www.eclac.cl/publicaciones/xml/8/32598/LCG2356B_2.pdf, p.185.

de Rafael Caldera. Em 2008, Chávez anunciou sua reestatização. A opulência petroleira da década de 1970 tornou as importações de produtos manufaturados muito baratas e sufocou a expansão da Sidor e de outras indústrias.

Essa disfunção do próprio mercado se manifesta estruturalmente na economia venezuelana com mais agudeza nos períodos de bonança petroleira.

Os efeitos da doença holandesa, como a defasagem cambial, não são evitados pelo controle de câmbio. Tal iniciativa disciplinou a entrada e saída de capitais. Apesar de a medida ter tirado de cena um dos indicadores da doença holandesa, a flutuação cambial, a defasagem é sentida nas diferentes taxas encontradas no mercado local.

Mesmo assim, as oscilações entre o câmbio oficial e o paralelo foram grandes entre os anos de 2003 e 2008. Em alguns momentos, a taxa do paralelo alcançou três vezes a marca oficial. A inflação interna tem sido a mais alta da América do Sul, alcançando 18,5% em 2007. Ou seja, tanto a inflação quanto as diferenças entre as taxas de câmbio têm indicado pressões pela desvalorização da moeda. A inflação tem sido fundamentalmente resultado da demanda. O aumento da renda média da população e uma oferta limitada, em especial de alimentos, resultaram em uma onda altista de preços.

A economista brasileira Denise Lobato Gentil, da Universidade Federal do Rio de Janeiro (UFRJ), vê assim o problema:

> A entrada excessiva de dólares não necessariamente determina um câmbio valorizado, apesar de pressioná-lo. Mas o câmbio pode ser definido pela política monetária posta em prática pelo Banco Central. Se a nação decide seguir uma política voltada para a industrialização e se, para preservar a indústria nascente, for necessário desvalorizar o câmbio para lhe dar condições de competitividade e encarecer as importações, o Banco Central deve fazê-lo comprando dólares, com expansão de base monetária combinada com expansão da dívida pública. Tais medidas não causam nenhum problema econômico. Há várias saídas. A doença holandesa ocorre quando se deixa por conta

do mercado ou para a escolha das elites do país a valorização ou não da moeda. O governo Chavez pode ter instrumentos para lidar com isso.[10]

Os dilemas para a diversificação industrial da Venezuela, porém, parecem estar em outra esfera. Mais uma vez, ouçamos Denise Lobato Gentil:

> Para superar o cenário de economia primarizada o Estado teria de entrar produzindo em setores estratégicos e estimulando o capital privado nacional a produzir de forma complementar. Tal escolha implica políticas de subsídios, incentivos fiscais, oferta de crédito público a taxas subsidiadas, estímulos ao avanço tecnológico e, do lado das estatais, absorção de prejuízos por certo tempo. É necessário usar várias estratégias para construir cadeias produtivas locais e superar barreiras inibidoras de um processo de industrialização, como ausência de tecnologia disponível, carência de capital acumulado em montante suficiente para os grandes investimentos, tamanho reduzido do mercado e a ausência de força de trabalho local qualificada. Além disso, a disponibilidade de divisas, oriundas do petróleo, é um fator favorável. Ele viabiliza as importações de bens de capital, insumos e matérias-primas necessários ao processo de industrialização, reduzindo as fragilidades externas que normalmente são entraves para as economias dos países periféricos.

A economia de exportação petroleira é permanentemente sujeita às altas e baixas cíclicas das cotações internacionais do produto. O historiador norte-americano John V. Lombardi[11] assinala que um país dependente como a Venezuela fica com sua ação governamental extremamente limitada quando tenta mudar os rumos de seu modelo.

---

[10] Entrevista com Denise Lobato Gentil em 9 de julho de 2008.
[11] Lombardi, John V. Prólogo. In: *La política venezolana en la época de Chávez*. Caracas: Nueva Sociedad, 2003, p.12-3.

Em uma dinâmica quase desesperada, o governo apoia o ciclo de exportação (dependente do petróleo), a fim de gerar entradas suficientes para fazer funcionar sua burocracia e, com o excedente, tenta melhorar a sociedade e diversificar sua pauta de exportações. A economia de extração (petroleira) o ata quase por completo aos preços do mercado de exportação, e estes flutuam em ciclos de curto prazo. Consequentemente, o governo tem pouco tempo para atuar antes que os preços caiam e tenha início um novo ciclo. Muitas vezes, solicita empréstimos para prolongar ou acelerar o desenvolvimento e, ao fazê-lo, se torna ainda mais dependente da economia de extração para gerar fundos que lhe permitam pagar a dívida do país.

O governo Chávez ainda não logrou modificar profundamente a estrutura econômica da Venezuela, em que pesem as várias alterações operadas na agenda política nacional. É um problema ainda a ser enfrentado.

16. Várias frentes

Entre 2003 e 2004, apesar de os preços do petróleo garantirem robustas taxas de crescimento, a situação política ainda gerava instabilidades. Até ali, Chávez governara de maneira quase reativa aos ataques da oposição, buscando manter sua gestão à tona diante de ofensivas por ele classificadas como "golpistas".

A primeira grande investida governista visando a ampliar sua base de apoio popular após o golpe e o locaute petroleiro foi a concretização das chamadas missões sociais. Elas começaram com a Missão Bairro Adentro. O nome foi criado pelo próprio Chávez, que dispensa serviços de marqueteiros e publicitários para elaborar suas políticas de comunicação. Com um nome simples e direto, a Bairro Adentro buscou fixar, em cada região popular da capital e do interior, um médico e um ambulatório de primeiros socorros.

O primeiro coordenador do projeto, o ex-ministro e médico Rafael Vargas, assim definiu a ideia:

> Quase 90% das pessoas que procuram serviços de saúde apresentam problemas solucionáveis através de atendimentos de primeiros socorros. São questões que às vezes podem levar o paciente à morte, como uma desidratação ou uma infecção. Mas se forem medicadas imediatamente, com procedimentos relativamente simples, muitas vidas podem ser salvas.

As tentativas iniciais foram feitas chamando médicos venezuelanos que, mediante um salário inicial de US$ 700, deveriam se mudar para favelas e permanecer durante o horário comercial no posto de saúde. "Apenas 42 se apresentaram", lembra Vargas. A solução foi apelar para o acordo de cooperação firmado em 2000 com Fidel Castro. Como já vimos, em troca de condições vantajosas de venda de petróleo, Cuba fornece à Venezuela auxílio nas áreas esportiva, educacional e de saúde. Foi assim que chegaram ao país, entre junho de 2003 e agosto de 2004, cerca de 20 mil profissionais cubanos, que recebem um subsídio mensal da Ilha, mais um complemento salarial do governo venezuelano, além de moradia, transporte e alimentação.

O atendimento é de natureza ambulatorial. Casos mais graves são remetidos à rede pública de saúde, que padece ainda das deficiências que o serviço de saúde enfrenta no Terceiro Mundo, como sucateamento, falta de pessoal especializado, carência de material etc.

Além da Missão Bairro Adentro, o governo venezuelano patrocina os seguintes programas sociais:

- A venda de cestas básicas e alimentos a preços bem inferiores aos do mercado, chegando a diferença, em alguns casos, a 50%. Inicialmente realizada com caminhões do Exército, a Missão Mercal conta com várias unidades fixas em diversas cidades;
- O plano educacional, denominado Missão Robinson, que eliminou o analfabetismo do país no fim de 2005. A Venezuela era, antes disso, um dos países de menores taxas de analfabetismo do continente, em torno de 6%;
- Diversos programas educativos, como escolas bolivarianas, Missão Ribas, Missão Sucre e Universidade Bolivariana (com cursos inicialmente de curta licenciatura);
- Missão Vuelvan Caras, de incentivo à economia popular, como cooperativas e pequenos negócios, por meio de políticas de microcrédito.

As missões são mais que políticas sociais compensatórias, mas representam menos do que uma transformação geral nos serviços públicos. Também não alteram características básicas do Estado. Um paciente, atendido na Bairro Adentro, por exemplo, que necessite realizar uma cirurgia ou um tratamento mais complexo, na maior parte dos casos, cairá nas embaraçadas teias dos hospitais públicos, com suas filas, atendimentos precários e equipamentos defeituosos.

A grande mudança no Estado venezuelano em suas atividades-fim ou em seu caráter elitista e pouco funcional ainda está por ocorrer. Assim, as Missões acabam por gerar estruturas paralelas às dos serviços públicos existentes. Elas resolvem o problema imediato da população, mas não atacam as engrenagens mais profundas da máquina pública.

Com toda a precariedade de pessoal capacitado para assumir funções de Estado e com a cultura da desorganização e informalidades crônicas que marcam um país escassamente industrializado, não há como negar: as Missões funcionam.

A batalha da comunicação

Além das Missões, o governo Chávez realizou, no âmbito interno, uma ofensiva em um terreno em que se mostrou débil nos primeiros anos, o das comunicações. Aqui também prevaleceu a mesma lógica das Missões. As dificuldades encontradas para alterar profundamente os padrões, procedimentos e dificuldades estruturais do Canal 8, estatal, levaram Chávez a criar duas novas emissoras de televisão, a emissora cultural Vive TV e o canal internacional Telesur. O primeiro enfrentamento real com os monopólios de TV, como já demonstramos, ocorreu em maio de 2007, através da não renovação da concessão do sinal da RCTV.

A primeira das emissoras a entrar no ar, com uma programação constituída por documentários e programas educativos, foi a Vive TV, em novembro de 2003.

A segunda iniciativa foi a Televisión del Sur (Telesur). Iniciativa multiestatal, a emissora, sediada em Caracas, é patrocinada pelos governos da Venezuela (51% do investimento), Argentina (20%), Cuba (19%) e Uruguai (10%). O canal conta com correspondentes em Brasília, Buenos Aires, Havana, Cidade do México, La Paz, Bogotá, Montevidéu e Nova York e foi ao ar pela primeira vez em 24 de julho de 2005 – data comemorativa do nascimento de Simón Bolívar. O investimento inicial foi de US$ 10 milhões.

A programação funciona 24 horas ao dia e é composta, em boa parte, por informativos – telejornais, debates, entrevistas etc. – e por uma programação cultural que envolve musicais, documentários e filmes. A transmissão se dá via satélite ou a cabo, pode ser captada em qualquer ponto do planeta.

Além da concretização do novo canal, Chávez incentivou a elaboração, por parte do Congresso, da Lei de Responsabilidade Social em Rádio e Televisão. Tal dispositivo visa a disciplinar cotas de programas locais em todas emissoras, a veiculação de anúncios e regulamentar a defesa daqueles que tenham sido expostos injustamente pelos meios de comunicação. A norma foi duramente atacada pela mídia privada, sob alegações de restrições à liberdade de informação. A legislação, que entrou em vigor em 2004, não contempla em seus artigos nada que corresponda explicitamente a isso. A disputa no terreno das comunicações continua decisiva no processo político local.

O desafio do referendo de 2004

O crescimento da legitimidade de Chávez, tanto no plano interno quanto externo, não foi linear. No segundo semestre de 2003, a grande carta na manga da oposição passou a ser a realização do referendo revogatório. A iniciativa constitucional só poderia ser realizada a partir da metade do mandato presidencial, em julho do ano seguinte.

Os líderes oposicionistas esperavam encontrar um Chávez debilitado pelos desarranjos econômicos surgidos no rastro do locaute empresarial. Entre 21 e 24 de novembro de 2003 fizeram um grande esforço para obter assinaturas de 20% do total de eleitores do país, ou 2.436.083 votos. Este é o patamar constitucional mínimo para se convocar a medida.

A tarefa de conferir o material coletado fica por conta do Conselho Nacional Eleitoral (CNE), composto por cinco personalidades – em geral dois governistas, dois oposicionistas e um presidente teoricamente neutro – e centenas de assessores. Verificar se cada nome corresponde a um eleitor vivo, cadastrado, com registro de identidade válido, assinatura autêntica e que não tenha votado duas ou três vezes é incumbência das mais difíceis. A oposição alegou a obtenção de 3,4 milhões de assinaturas, marca que ultrapassaria com folga o piso exigido pela Constituição. Os governistas alardeavam que a meta dificilmente seria alcançada.

Três meses depois, o CNE divulgou seu veredicto. Alegando irregularidades de várias ordens em 148.190 planilhas, o que corresponde a ceca de 1,48 milhão de assinaturas, a convocação do referendo foi negada.

Logo após a divulgação do veredicto do CNE, uma série de protestos tomou conta dos bairros de classe média e média alta de Caracas e de outras cidades. Mas uma nova coleta teria de ser realizada.

Durante três dias, de 28 a 30 de maio de 2004, a oposição tentaria obter pela segunda vez o número mínimo de assinaturas. No meio da campanha, surgiram denúncias consistentes de que o governo dos Estados Unidos estaria financiando uma organização oposicionista. Diversos documentos mostram que o National Endowment for Democracy (Fundo Nacional para a Democracia), entidade criada no governo Ronald Reagan (1980-1988) para apoiar extraoficialmente aliados de Washington no exterior, estaria dando uma mão aos antichavistas. As denúncias envolviam, entre outras, a empresa privada Súmate, que recolheu as assinaturas durante a primeira tentativa de convocação do referendo. A Súmate teria recebido US$ 53,4 mil do NED em 12 de setembro de 2003, em um contrato de um ano, sob o argumento de auxílio para "educação eleitoral".

Percebendo que sua vitória na votação dependia não apenas de uma grande legitimidade interna, mas também de boa articulação internacional, Chávez compareceu à 16ª Cúpula de Chefes de Estado do Mercosul, em Porto Iguazú, na Argentina, na primeira semana de julho de 2004. Estavam presentes os presidentes Luís Inácio Lula da Silva (Brasil), Nestor Kirchner (Argentina), Ricardo Lagos (Chile), Nicanor Duarte Frutos (Paraguai), Jorge Batlle (Uruguai), Vicente Fox (México) e Carlos Mesa (Bolívia). Peru, Colômbia, Egito, Japão e Índia enviaram representantes. Articulada pelo mandatário argentino, a Venezuela iniciou ali seu processo de incorporação ao bloco, o que representou uma inflexão na tendência de isolamento regional verificada nos meses anteriores.

O passo seguinte foi intensificar a agenda internacional, selando acordos comerciais com Irã, Líbia, China, Rússia e Espanha. No plano interno, Chávez buscou uma aproximação com o empresariado, em especial com uma das maiores expressões do setor, Gustavo Cisneros, o poderoso proprietário da Venevisión.

O referendo foi aprovado e marcado para 15 de agosto de 2004. Nesse dia, filas imensas formaram-se desde às 6 horas da manhã em praticamente todos os locais de votação. Eleitores, muitos deles idosos, tiveram de esperar por mais de seis horas para votar, o que levou o pleito a se prolongar até a meia-noite. Apesar de o voto ser facultativo, ninguém arredava pé de seu posto. Os venezuelanos deveriam responder à seguinte pergunta: "Você está de acordo em deixar sem efeito o mandato popular outorgado mediante eleições democráticas legítimas ao cidadão Hugo Rafael Chávez Frias como presidente da República Bolivariana de Venezuela para o atual período presidencial?" Quem respondesse "Não" a esta tortuosa questão, estaria apoiando o governo. O "Sim", por sua vez acarretaria a saída do presidente.

Uma chuva fina, porém constante, caiu sobre Caracas durante toda a madrugada de segunda-feira, 16 de agosto. As ruas dos bairros de classe média estavam praticamente vazias e pouquíssimos táxis circulavam. Mas na avenida Urdaneta, em frente ao Palácio de Miraflores e em várias regiões populares, o clima era outro. Milhares de pessoas, já encharcadas, começavam a comemoração de uma vitória que se anunciava nas horas anteriores. Eram exatamente 3h47 da madrugada quando o presidente do Conselho Nacional Eleitoral, Francisco Carrasquero, em rede nacional de rádio e televisão, anunciou o primeiro resultado parcial:

> Apurados 94,49% do total, a opção *Não* obteve 4.991.483 votos, correspondentes a 58,25% da totalidade válida, e a opção *Sim* alcançou 3.576.517 votos, chegando a 41,74% do número de eleitores. Muito obrigado.

A vitória do referendo representou uma mudança de qualidade no governo. A oposição sentiu o golpe. Chávez passara a ser não apenas um fenômeno circunstancial, mas sua legitimidade deitara raízes profundas na sociedade. A agenda internacional intensificou-se ainda mais e mesmo os que não nutriam por ele nenhuma simpatia foram forçados a reconhecer que removê-lo do poder pela força seria tarefa complicada.

Pouco mais de um ano depois, em 4 dezembro de 2005, os partidos que apoiam Chávez reforçaram de maneira inédita sua base parlamentar. Em um lance arriscado, a oposição decidiu boicotar as eleições legislativas. Em vez de provocar uma comoção internacional, como planejado, as forças antichavistas apenas viram sua representatividade institucional chegar a quase zero, apesar de as abstenções situarem-se em patamares próximos a 70%. A totalidade das 167 cadeiras da Assembleia nacional ficou com a situação.

As aprovações nas eleições e no referendo coincidiram com o início da alta estrutural nos preços do petróleo, a partir de 2004. Na área econômica, após assumir o pleno controle da PDVSA, o governo iniciou uma renegociação de contratos com empresas estrangeiras, nas 32 concessões para exploração do subsolo, firmados em governos anteriores. Em vez de apenas arrecadar *royalties* de uma parcela da produção das companhias privadas, a estatal propôs *joint-ventures* em que tivesse participação majoritária. Quem não aceitasse, teria os contratos cancelados.

A arrecadação subiu para 30% do total da produção e a taxação foi aumentada em dois terços. Várias empresas saíram do país, a exemplo da Exxon Mobil e da Total. Mas as que ficaram – entre elas a Petrobras, a Shell e a Repsol – não tiveram do que reclamar, em um mercado com preços em ascensão acelerada.

A PDVSA tornou-se a grande financiadora dos programas sociais e de várias ações de governo. Além disso, Chávez obteve, em 2005, a aprovação da Assembleia Nacional para a criação do Fundo de Desenvolvimento (Fonden) vinculado ao Banco Central. Apesar de independente, o BCV dobrou-se aos desígnios do presidente, que solicitou um aporte inicial de US$ 5 bilhões para o Fonden. É uma montanha de dinheiro, destinado em especial a obras de infraestrutura, que pode ser manejada pelo Executivo sem aprovação prévia do Congresso.

A DIPLOMACIA PETROLEIRA

A legitimidade nas urnas e os petrodólares impulsionaram também uma agressiva política externa, destinada a romper o isolamento e a buscar parcerias no plano internacional. Nessa nova fase, a Argentina tornou-se um aliado preferencial. Em 21 de novembro de 2005, durante a visita de Nestor Kirchner a Caracas, ficou acertada uma ousada investida no cenário latino-americano.

Três anos após a renegociação forçada da maior parte de sua dívida pública, a Argentina ainda enfrentava dificuldades para colocar seus títulos no mercado mundial. O governo venezuelano concretizou, em julho do ano seguinte, a compra de US$ 3,1 bilhões em títulos da dívida pública do país. Pouco depois, Nelson Merentes, então ministro das Finanças da Venezuela, contou à imprensa ter revendido 76% dos papéis a 33 bancos privados, o que possibilitou um lucro de US$ 201 milhões com a operação.

A aliança com a Argentina não ficou nisso. Logo Chávez proporia a criação da Petrosur, *holding* na qual deseja integrar as políticas energéticas entre os dois países. A ideia envolve também uma sociedade com a Petrobras, na construção de uma refinaria em Pernambuco. Argumentando que a América do Sul seria "um dínamo energético", o presidente ainda lançou, em 2005, a ideia de um gasoduto de 10 mil quilômetros de extensão, da Venezuela à Patagônia, com ramais que alcançariam partes do Brasil e da Bolívia. O custo alcançaria US$ 17 bilhões.

No plano político, as eleições de Evo Morales na Bolívia, em 2005, de Rafael Correa no Equador e de Daniel Ortega na Nicarágua, estas em 2006, impulsionaram a legitimidade do líder venezuelano no continente. Essa nova condição possibilitou a concretização do projeto do Banco do Sul, criado em Caracas no início de novembro de 2007. Com a assinatura de representantes dos governos de Brasil, Argentina, Bolívia, Equador, Paraguai, Uruguai e Venezuela, a nova instituição nasceu com um capital inicial de US$ 7 bilhões. A intenção é que seja um banco de desenvolvimento voltado para a América do Sul.

Além disso, vários acordos bilaterais com Bolívia, Jamaica, Nicarágua e Cuba garantem fornecimento de petróleo em troca de gêneros produzidos por esses países. Chávez acabou tendo também papel decisivo para a não implantação da Área de Livre Comércio das Américas (Alca), na reunião de cúpula do Mercosul, na Argentina, em novembro de 2005.

A diplomacia petroleira alcançou até mesmo o samba brasileiro. Mediante um convênio com a PDVSA, a Escola de Samba Unidos de Vila Isabel, do Rio de Janeiro, recebeu um patrocínio de US$ 450 mil, para o desfile de Carnaval de 2006. O homenageado maior da Escola foi ninguém menos do que Simon Bolívar. Havia ainda referências a Che Guevara e aos generais San Martín e Abreu Lima e a Tiradentes. No fim, a Vila sagrou-se campeã do Grupo Especial, na Marquês de Sapucaí.

Em 9 de abril de 2006, o repórter Juan Forero escrevia no *The New York Times*:

> Com o aumento de 32% no faturamento com o petróleo em 2005, Chávez tem subsidiado vários itens, como desfiles de escolas de samba no Brasil, cirurgia ocular para mexicanos pobres e até combustível de aquecimento para famílias americanas necessitadas, do Maine ao Bronx e à Filadélfia.

A matéria do correspondente dava conta ainda de que

> O Centro de Pesquisas Econômicas, empresa de consultoria de Caracas, divulgou recentemente um estudo afirmando que Chávez gastou mais de US$ 25 bilhões no exterior desde que chegou ao poder, em 1999 – cerca de US$ 3,6 bilhões por ano.

A indisposição maior do governo venezuelano, no continente, tem sido com a administração de Álvaro Uribe. Principal aliado da Casa Branca na região, os atritos acentuaram-se por conta das ações das Forças Armadas Revolucionárias da Colômbia (Farc). O grupo guerrilheiro, criado em 1964, chegou a controlar, em seus áureos tempos, 40% do território colombiano. Os 2,2 mil quilômetros de fronteira entre os dois países têm sido uma constante zona de atritos.

No início de 2005, o sequestro de um exilado colombiano em Caracas por forças de Bogotá elevou a temperatura diplomática regional. Uribe acusa constantemente o governo vizinho de proteger guerrilheiros que escapam de perseguições e se refugiam em território venezuelano. Apesar de Chávez ter-se oferecido para mediar as diferenças entre a guerrilha e o governo colombiano, este tem rejeitado a ideia. A tática repressiva de Uribe e o firme apoio material dos Estados Unidos tem-lhe valido elevados índices de popularidade em seu país.

À ciclotimia das relações com a Colômbia, somam-se as denúncias da Casa Branca de que a Venezuela estaria provocando uma escalada armamentista na região. Quando Chávez anunciou, no início de 2005, o Plano Estratégico de Modernização das Forças Armadas Nacionais, setores conservadores dos Estados Unidos e da América Latina logo o acusaram de colocar em risco a estabilidade continental.

É difícil acreditar nisso, pois a maior parte dos armamentos adquiridos desde essa ocasião tem caráter eminentemente defensivo. Entre os novos equipamentos estão 100 mil fuzis Kalashnikov AK-103 e 104; quarenta helicópteros de combate; cinco radares móveis e cinquenta caças MIG-29, todos encomendados na Rússia. Em negociações com a Espanha, Chávez tentou adquirir Fragatas F-25 e F-26, da classe Descobierta, quatro corvetas Tango 61 e Tango 62, doze lanchas de deslocamento rápido dotadas de lança-mísseis, além de dois submarinos e seis aviões C-295. Por problemas diplomáticos com Madri, a última compra não se consumou. Mesmo assim, não há nada que possa se configurar como armamento destinado a alvos de longo alcance.

Os investimentos bélicos da Venezuela estão longe de ser os maiores da América do Sul. Em porcentagens do PIB, seu orçamento para defesa está atrás dos gastos do Chile (10,12%), da Colômbia (9,3%), do Equador (8,87%), do Uruguai (5,9%), do Peru (5,85%) e da Argentina (5,54%). Com gastos de US$ 3,3 bilhões em 2008, a Venezuela despende apenas 5,18% de seu PIB em gastos militares.[1]

Além do óbvio componente ideológico das acusações de Washington, há um segundo fator na balança. Ao buscar novos fornecedores de material bélico, Chávez gera contrariedades em uma indústria armamentista que tinha na Venezuela um mercado cativo e mantém sólidas ligações com a Casa Branca.

---

[1] Fonte: Centro de Estudios Unión Nueva Mayoría http://www.nuevamayoria.com/index.php?option=com_content&task=view&id=642&Itemid=30

17. Que tipo de líder é Chávez?

Hugo Chávez tem merecido uma classificação mais ou menos unânime por parte de seus adversários. É a de que ele não passaria de um político populista, como tantos já aparecidos na América Latina.

Chávez encarnaria mesmo uma liderança desse tipo? Antes de entrar no assunto, é bom lembrar que o termo *populista* tem sido alardeado pelo pensamento conservador como peça de acusação contra toda figura pública que se afaste dos caminhos da ortodoxia liberal. Quem externar contrariedade à pretensa racionalidade técnica das políticas de ajuste estrutural em favor do fortalecimento do caráter público do Estado ou que tente materializar orientações distributivas de renda, ganhará logo a pecha de *populista* nas páginas e telas da grande imprensa mundial. Equipara-se assim o populismo à demagogia, à mentira e à conversa mole de políticos espertalhões para se manterem no poder.

Não é novidade que o pensamento neoliberal tenha sido pródigo na apropriação de determinados conceitos para – em uma eficiente luta ideológica – mudar-lhes completamente o significado. Assim, o embate entre direita e esquerda não existiria mais. Em seu lugar existiriam os atritos entre o *moderno* e o *arcaico*. Direitos sociais adquiridos por trabalhadores, após décadas de lutas, não passariam de *privilégios*. Reforma e mudança, antigos motes da esquerda, agora são palavras de ordem de governos neoconservadores, a justificar restrições nos regimes previdenciário, trabalhista e educacional. E a adjetivação de populista ganhou ares de desmascaramento definitivo de maus governantes.

O conceito é elástico e complexo o suficiente para alcançar qualquer coisa, tempo e lugar. O *Dicionário de política*, organizado por Norberto Bobbio, ressalta mesmo que:

> O populismo não conta efetivamente com uma elaboração teórica orgânica e sistemática. ... Como denominação, se amolda facilmente a doutrina e a fórmulas diversamente articuladas e aparentemente divergentes. ... As dificuldades do populismo se ressentem da ambiguidade conceitual que o próprio termo envolve.[1]

A socióloga venezuelana Margarita López Maya, por sua vez, assinala:

> O populismo não é, estritamente falando, nem um movimento sociopolítico, nem um regime, ou um tipo de organização, mas fundamentalmente um discurso que pode estar presente no interior de organizações, movimentos ou regimes muito diferentes entre si.[2]

Não existe uma caracterização única para se definir o fenômeno. Uma classificação geral do que seria um líder populista, comumente aceita, dá contas de tratar-se do dirigente que estabelece vínculos e canais diretos com a população, sem a mediação de instituições, entidades ou organismos institucionais. Um dirigente com tais atributos se relacionaria com multidões, acima dos partidos, parlamentos, sindicatos etc. Há componentes centralizadores e autoritários na figura do chefe populista. À falta de mediações, ele geralmente se torna a própria encarnação do Estado no imaginário das camadas populares.

A figura do "pai dos pobres", no caso de Getúlio Vargas (1930-1945 e 1950-1954), no Brasil, a de redentor dos "descamisados", quando se alude a Juán Domingo Perón (1946-1955),

---

[1] Bobbio, N.; Matteucci, N.; Pasquino, G. *Dicionário de política*, Brasília: Editora UnB e LGE, 2004, p.980.

[2] López Maya, Margarita. *Populismo e inclusión en el caso del proyecto bolivariano*, 2004, inédito.

na Argentina, ou a de Lázaro Cárdenas (1934-1940), no México, representam expressões da condensação de um projeto de nação em uma só pessoa. Ao mesmo tempo, os três buscaram construir uma institucionalidade baseada em partidos e organizações sindicais, que canalizassem a crescente classe operária em formação nos três países, e no atendimento de reivindicações longamente feitas por tais setores.

Não se podem examinar tais manifestações apenas por seus aspectos superficiais ou manifestações fragmentadas. Em primeiro lugar, é necessário verificar que o populismo é uma expressão própria de sociedades de capitalismo tardio, industrialização e urbanização aceleradas e consequentes deslocamentos de grandes contingentes populacionais do campo para a cidade. Esses fatores raramente estiveram presentes nos países de desenvolvimento industrial menos intensivo em espaços de tempo tão curtos, como aconteceu na Europa e nos Estados Unidos.

Margarita López Maya sintetiza bem a questão:

> O populismo aparece como ... uma maneira particular de se fazer política na América Latina, associado ao período de trânsito das sociedades agrário-exportadoras para as industriais.[3]

Urbanização e industrialização

Os casos brasileiro, argentino e mexicano, na primeira metade do século XX, são ilustrativos. Os países souberam aproveitar-se de uma conjuntura internacional muito particular, existente depois da crise de 1929 e de duas guerras mundiais (1914-1918 e 1939-1945), para incrementarem processos de industrialização iniciados nas primeiras décadas do século. Nos três exemplos, a importância da ação do Estado no jogo econômico tornou-se decisiva para o desenvolvimento. Aplicando políticas de substituição de importações, os três países, em ritmos próprios e obedecendo a condicionantes internos e

---

[3] López Maya, Margarita, op. cit.

externos, conseguiram, em poucas décadas, tornar-se sociedades industriais e urbanas.

Os dados dessas transformações são espantosos. No caso brasileiro, a parcela de população urbana passou de 31,2% em 1940 para 49% em 1960, alcançando 67,6% em 1980.[4] Na Argentina, o processo foi mais precoce: 37,4% dos argentinos viviam nas cidades em 1895; em 1914 já eram 52,7% e em 1960, 72%.[5] No México de 1940, por sua vez, 35,5% dos habitantes ocupavam as zonas urbanas. Duas décadas depois, essa parcela alcançava 50,7% e em 1980, 76,3% dos mexicanos estavam fora das zonas rurais.[6]

Mais do que um exercício estatístico, tais números apontam para o brutal processo de desenraizamento de milhões de pessoas de seus lugares de origem e da alteração de padrões de vida, de referências familiares, sociais, afetivas e culturais seculares. No plano político, estava selado o fim de uma ordem baseada em oligarquias rurais e em suas instâncias de poder. Em seu lugar, nas cidades, surgiam sociedades de massas, sem padrões de identidade muito definidos.

As multidões de retirantes, verdadeiros exilados do campo, com fluxos de imigrantes, europeus em sua maioria, viriam formar a classe operária dos três países. As lutas urbanas por direitos sociais, trabalhistas e cidadãos criaram demandas que o velho Estado oligárquico não mais conseguia atender.

Agindo diretamente no atendimento das insatisfações populares e manejando frações da burguesia, surgia a figura do líder populista, dirigindo o país acima das instituições vigentes, entre outros motivos, por elas serem ou irrelevantes para o jogo político, ou por estarem em processo de formação.

Margarita López Maya ainda nota que

---

[4] http://www.sfiec.org.br/palestras/economia_e_financas/ipece/ibge.pdf
[5] Censos Nacionales de Población y Atlas Demográfico de la República Argentina. Resultados provisionales. Año 1991. Indec.
[6] Conapo, 1986.

> O populismo não pode e nem deve reduzir-se a juízos de valor negativos centrados em seus potenciais atributos demagógicos ou de manipulação dos interesses das massas, pois se bem que tal característica pode acontecer – e muitas experiências populistas o constatam – ele é um conceito muito mais rico que isso, que provou capacidade explicativa para um fenômeno que ocorre na América Latina em momentos de crise de hegemonia e que facilitou a inclusão política de setores populares no século XX.[7]

O populismo permitiu a entrada das massas empobrecidas no cenário político latino-americano. Em que aspecto a prática política de Hugo Chávez pode ser caracterizada como populista e que populismo é esse?

O CHAVISMO

Chávez está a quilômetros de distância da demagogia de setores conservadores, que se valeram da prática populista como maneira de exercer seu domínio político. O dirigente venezuelano, ao contrário, tem um discurso acentuadamente antioligárquico, anti-imperialista e, na prática, demarcador de interesses. É preciso, mais uma vez, atentar para as condições objetivas sobre as quais se formou e atua a administração do ex-tenente-coronel do Exército.

A Venezuela, como vimos ao longo das páginas anteriores, viveu uma crise política e social profunda entre, pelo menos, 1983, início de um longo ciclo de preços baixos do petróleo no mercado internacional, e o início do século XXI. A sucessão de desastres enfrentados pelo país até 1998 resultou em uma quebra dos padrões de convivência internos, construídos ao longo de várias décadas. Hugo Chávez surge na esteira dessa crise e torna-se uma liderança extremamente popular da noite para o dia.

Quando se torna candidato e vence as eleições, ele se vê diante de uma sociedade esgarçada e sem referenciais institu-

---

[7] López Maya, Margarita, op. cit.

cionais com credibilidade. Partidos, sindicatos e os próprios órgãos de Estado viram, em um curto período, sua legitimidade evaporar. Sem alicerces organizativos claros para o exercício mínimo da democracia representativa, era difícil vislumbrar, na Venezuela dos anos 1990-2000, outro caminho se não o de exercer sua liderança em linha direta com a população.

Há aqui uma distante semelhança com características de alguns países latino-americanos no século XX. A Venezuela é uma sociedade em transformação, em processo de definição de novos arcabouços institucionais e políticos. Não há movimento social organizado autonomamente no país, como acontece no Brasil, desde o fim da década de 1970. Em uma frase, inexistem pontos de apoio. Não se tratava – e não se trata – de uma vontade pretensamente caudilhesca ou autoritária, como acusam seus inimigos, mas de uma adaptação às condições objetivas encontradas.

Chávez é não só um líder, mas o principal e praticamente único garantidor do processo político em curso no seu país. É porta-voz central de seu governo, assim como é o grande intelectual, formulador e estrategista das ações de Estado. Não é de espantar que sua prática tenha, de fato, contornos populistas. É preciso, contudo, lembrar: ninguém é populista porque e quando quer. Isso corresponde a necessidades históricas objetivas.

Por fim, é preciso chamar atenção para um marco distintivo da ação chavista em relação a muitos líderes do continente. Seu populismo tem características progressistas na realidade venezuelana. Ao liderar o processo Constituinte e estabelecer novos parâmetros institucionais, Chávez tornou-se o fiador da legalidade e logrou empurrar os setores das classes dominantes que tentaram derrubá-lo para a periferia da atividade política. Se tal ação conseguir construir canais democráticos de participação, sua ação populista poderá, dentro de algum tempo, negar a si mesma.

18. Para onde vai a Venezuela?

Na esteira do sucesso obtido no referendo revogatório de agosto de 2004, Chávez buscou definir melhor quais seriam seus objetivos estratégicos. Até ali, a ideia geral de *revolução*, como já mencionado no início deste livro, embalava toda a ação de governo. A Venezuela viveria uma *revolução bolivariana*. O qualificativo é, obviamente, uma referência ao legado político e histórico de Simon Bolívar (1783-1830). O próprio nome do país foi alterado na Constituição para República Bolivariana da Venezuela.

Chávez não é o único a reivindicar o personagem. O nome de Bolívar foi apropriado por um sem-número de lideranças e movimentos políticos na América Latina nos quase duzentos anos que nos separam de sua morte. Seus seguidores estão espalhados pelas mais diversas vertentes do espectro ideológico.

O ideário bolivariano tem contornos vagos e imprecisos. Bolívar é possivelmente o personagem histórico mais complexo e de maior influência no imaginário político continental. Sua obra é colossal. Além de liderar guerras de independência e de exercer influência direta em pelo menos cinco dos atuais países da região – Venezuela, Colômbia, Equador, Peru e Bolívia –, ele deixou vastíssima obra escrita, constituída de artigos, cartas e discursos.[1]

---

[1] Essas e outras reflexões sobre o culto a Bolívar foram extraídas da admirável dissertação de mestrado "Ideologia Bolivariana: as apropriações do legado de Simón Bolívar em uma experiência de povo em armas na Venezuela. O caso da Guerra Federal (1858-1863)", da historiadora Carla Ferreira, defendida no IFCH – URGS em 2006.

O historiador venezuelano Germán Carrera Damas escreveu um livro fundamental para se entender não apenas o personagem histórico, mas o Bolívar simbólico, que segue existindo. O título é sugestivo: *El culto a Bolívar*.[2] Carrera Damas destaca que a admiração despertada por Bolívar em seu tempo e após sua morte não é fruto apenas de laboriosa pregação. Os feitos que liderou repercutiram concretamente na vida de milhões de pessoas. Não sem razão, Bolívar tornou-se objeto de culto, realizado, ao longo dos anos, com os mais diversos propósitos políticos.

Mediante variadas interpretações, a figura do *Libertador* foi reivindicada por todas as classes sociais venezuelanas, como uma espécie de fator de unidade nacional ou até como símbolo da manutenção de determinada ordem. Assim, existe um bolivarianismo conservador, traduzido na profusão das estátuas equestres disseminadas nas praças de praticamente todos os municípios venezuelanos, bem como na sacralização estática de lugares e feitos do Pai da Pátria. Esta vertente tenta esvaziar a figura de Bolívar de seu conteúdo transformador e anticolonialista, destinando-a à veneração estéril.

E há um bolivarianismo de esquerda, que busca nas lutas contra o domínio espanhol a inspiração para ações anti-imperialistas. As duas visões envolvem um sem-número de nuances. O conjunto de ideias de Bolívar sempre foi adaptado de forma flexível o bastante para permitir leituras tanto de um lado quanto de outro.

O culto a Bolívar não é uma criação ficcional, fruto de um patriotismo exacerbado em alguns países. É mais do que isso. Ele se constitui em uma necessidade histórica e em um recurso destinado a compensar o desalento causado pela frustração de uma emancipação nacional que não se completaria. Bolívar seria o elo histórico com um ideal de soberania, liberdade e

---

[2] Damas, German Carreras. *El Culto a Bolívar: esbozo para un estudio de la historia de las ideas en Venezuela*. Instituto de Antropologia e Historia da Universidade Central de Venezuela. Caracas, 1969. 291p.

justiça. Daí sua força, tanto política quanto de devoção quase religiosa.

Mas Chávez tem ido além de um fazer do personagem um objeto de culto. Busca realizar – em proveito do processo que lidera – uma ousada leitura do Bolívar histórico. Seus seguidos discursos tentam evidenciar um fio de continuidade entre as guerras de independência, contra o domínio espanhol, e sua ação no governo.

Socialismo do século XXI

Cinco meses depois do referendo, no fim de janeiro de 2005, Chávez acrescentaria uma novidade ao conceito de *revolução bolivariana* em suas falas. O cenário para o anúncio foi uma plenária do V Fórum Social Mundial, em Porto Alegre. Sua apresentação no ginásio do Gigantinho contou com a presença de mais de 30 mil pessoas. Nenhum líder, intelectual ou artista atraiu tanto público quanto ele em um evento repleto de personalidades e dirigentes políticos. Nem mesmo o presidente Lula, do país anfitrião, que utilizara o mesmo palco quatro dias antes, obteve tamanho sucesso.

Chávez viera ao sul do Brasil como o novo líder das esquerdas latino-americanas. Ao longo de 1h35 de discurso, o mandatário exibiu sua pauta. Entre os pontos principais estavam a luta contra o neoliberalismo e contra o imperialismo norte-americano e seus desdobramentos políticos, econômicos, sociais e culturais. Apontou a necessidade de novas articulações entre os países ao sul do mundo. Em resumo, poder aos pobres, democracia, combate aos privilégios e ataques à Casa Branca. Quase no final da alocução, resolveu avançar o sinal. "Nosso projeto e nosso caminho é o *socialismo*", exclamou, com voz de barítono, para as câmeras e microfones de todo o mundo. E especificou: "um socialismo com democracia e uma democracia com participação popular".

Depois de *revolução*, outra palavra fora de moda, *socialismo*, voltava ao dicionário político pela boca do líder venezuelano. *Socialismo do século XXI*, frisou ele.

O que seria o novo conceito? As definições subsequentes do que seria o socialismo do século XXI não deram muitas pistas sobre o rumo a ser tomado. Chávez e seus apoiadores não vão muito além de enunciados vagos, como "solidariedade", "justiça" e "vida digna". Apesar da generalidade dos conceitos, há um louvável esforço do presidente em tornar palpáveis as características de um novo modelo de sociedade, em vez de enveredar por discussões abstratas. Tudo indica que, para ele, um socialismo de novo tipo será fruto das lutas políticas concretas e não de um modelo traçado *a priori*.

Em uma conversa com o jornalista chileno Manuel Cabieses, diretor do semanário *Punto Final*, Chávez lançou mais algumas luzes no que seria seu projeto. O diálogo foi relatado pelo jornalista Horácio Benítez, em 9 de outubro de 2005.[3]

Para o ex-tenente-coronel, sua concepção de socialismo "deve nutrir-se das correntes mais autênticas do cristianismo", sem descartar o marxismo e as ideias de Bolívar. Entre os elementos básicos para a nova orientação, devem estar, segundo o Presidente:

> A) A moral ... Devemos recuperar o sentido ético da vida. Lutar contra os demônios disseminadas pelo capitalismo, como o individualismo, o egoísmo, o ódio e os privilégios. ... O socialismo deve defender ... a generosidade.
>
> B) A democracia participativa e protagônica, o poder popular.
>
> C) A igualdade conjugada com a liberdade.
>
> D) Corporativismo e associativismo. No econômico, uma mudança no sistema de funcionamento metabólico do capital. Na Venezuela se iniciou um movimento para impulsionar o cooperativismo, o associativismo, a propriedade coletiva, o banco popular e núcleos de desenvolvimento endógeno.

Em seguida, Chávez diz que o melhor resultado até aquele instante para o *Socialismo do século XXI* era um impressionante

---

[3] http://www.aporrea.org/ideologia/a17224.html, em 9 de outubro de 2005.

experimento de poder popular, no qual participam milhões de pessoas.

Outro exemplo de suas formulações foi dado no programa *Alô Presidente*, de 7 de julho de 2007:

> O socialismo é eminentemente social, não é econômico. ... Aqui deve haver uma relação de trabalho ... harmoniosa, não se trata de explorar os trabalhadores por nada, a não ser para que vivam dignamente, que não sejam escravos do trabalho. [Precisam] de um trabalho digno, consciente de que estão produzindo bens para construir a felicidade de um povo. ... Isto é parte do modelo socialista que está nascendo. ... Ser socialista é ser honesto. O socialismo não nega a propriedade privada. Apenas a estabelece muito bem e a impulsiona.

As indefinições do modelo de socialismo pretendido por Hugo Chávez não são um problema apenas dele, mas de praticamente toda a esquerda mundial e de todos aqueles que pretendem mudar a sociedade. Na defensiva desde a desagregação da União Soviética, em 1991, e da ascensão do neoliberalismo, as forças que lutam por um modelo alternativo buscam, com extrema dificuldade recobrar a iniciativa na luta política. A contribuição do ex-tenente-coronel tem sido inestimável para esses propósitos.

Allende e Chávez

Para tentar compreender os rumos de Chávez, vale a pena também lançar mão de uma analogia histórica. Ponderações dessa natureza são sempre arriscadas e arbitrárias, pois pinçam eventos e processos particulares e os comparam entre si. Mas podem revelar coisas interessantes.

Frequentemente comparado ao processo político capitaneado pela Unidade Popular – governo de coalizão entre o Partido Socialista e o Partido Comunista – no Chile, entre 1970 e 1973, o governo Chávez guarda daquela experiência algumas semelhanças e várias diferenças. As semelhanças chamaram ainda mais atenção após o golpe de 2002, que muitos tentaram ver como uma reedição da quartelada que levou o general Augusto Pinochet ao poder.

É preciso analisar com cuidado os pontos de contato e os aspectos dissonantes entre os dois momentos. O governo dirigido por Salvador Allende (1908-1973), ao contrário da administração Chávez, tinha como meta iniciar uma transição pacífica ao socialismo. Isso era explicitado desde o Programa de Governo até os atos concretos de Allende quando eleito. O processo chavista não tinha como meta inicial o socialismo, mas a luta pela *soberania nacional* e pela *integração latino-americana*. "Entretanto já era radical na busca por transformações estruturais",[4] garante Rafael Vargas, médico e ex-ministro da Secretaria da Presidência, o equivalente à Casa Civil. O centro de sua estratégia econômica é o controle do petróleo por parte do Estado e a diversificação da atividade produtiva, com justiça social. Busca, a duras penas, realizar uma reforma agrária e urbana que contemple a maioria despossuída. A estratégia socialista surgiu, como vimos, em uma segunda etapa.

No caso chileno, tratava-se de uma tentativa inédita de se realizar uma revolução pela conquista de parte do aparelho de Estado, com todo o tipo de possibilidades e limitações que a democracia liberal proporciona. O caminho seria uma dura disputa pela hegemonia.

Vivia-se uma conjuntura de contestação armada ao poderio imperial norte-americano, que tivera início com a Revolução Cubana (1959), passara pelas lutas anticoloniais na África e tinha seu ponto de ebulição na Guerra do Vietnã. Na América Latina, a via guerrilheira espalhava-se por Brasil, Uruguai, Venezuela, Colômbia e outros.

Quando Allende foi morto no Palácio de La Moneda, em Santiago, em 11 de setembro de 1973, Hugo Chávez tinha apenas dezenove anos e começava seu terceiro ano na Academia do Exército. Uma das comparações entre as duas administrações pode ser feita examinando-se a maneira como cada um planejou seus movimentos táticos iniciais.

---

[4] Entrevista em 14 de julho de 2003.

O ex-secretário-geral do Partido Socialista Chileno, Carlos Altamirano, assim descreveu as tarefas básicas do governo Allende:

> A saída política estava condicionada pela situação econômica que, para ser solucionada, exigia uma crescente autoridade política. Assim, o planejamento econômico se preocupou, a curto prazo, em provocar uma reação, cujo efeito seria ampliar a base de sustentação social do processo para, a partir daí, empreender uma transformação radical da superestrutura institucional.[5]

Ou seja, a administração decidira começar o processo de mudanças atacando diretamente a ossatura econômica do modelo dominante. Allende confirma isso, em sua primeira mensagem ao Congresso, em 21 de março de 1971, intitulada "Via chilena ao socialismo". Seu discurso, na ocasião, lido com voz grave, ressaltava que o

> Chile tem agora no governo uma nova força política, cuja função social é dar respaldo não à classe dominante tradicional, mas às grandes maiorias. A esta mudança na estrutura de poder deve corresponder necessariamente uma profunda transformação na ordem socioeconômica que o Parlamento está chamado a institucionalizar.

O presidente chileno prosseguia, mostrando os caminhos que desejava trilhar.

> Ao mesmo tempo, é necessário adequar as instituições à nova realidade. Por isso, em momento oportuno, submeteremos à vontade soberana do povo a necessidade de substituir a atual Constituição, de fundo liberal, por uma Constituição de orientação socialista.

---

[5] Altamirano, Carlos. *Chile, anatomia de uma derrota*. São Paulo: Brasiliense, 1979.

Para os chilenos, as modificações institucionais ficariam para um segundo momento. Antes, era necessário dar início à nacionalização da economia. Ainda em dezembro de 1970, essa política teve início pela indústria têxtil. No mês seguinte, a atenção oficial voltou-se para os bancos e as grandes empresas, além de ser dado início à reforma agrária. E, em julho de 1971, o Congresso aprovaria a nacionalização do filé mignon da economia chilena, o minério de cobre.

Chávez faz uma opção exatamente inversa. Seus primeiros atos na esfera da economia primaram pela prudência e pela timidez. No entanto, tão logo foi eleito, buscou mudar radicalmente a face política e institucional do país, para só mais tarde tomar alguma iniciativa na área econômica. "Discutíamos sobre como romper com o passado e como superar esse tipo de democracia que apenas respondia aos interesses dos setores oligárquicos", lembrou ele em entrevista a Marta Harnecker.[6]

É necessário levar-se em conta, ainda, que além das diferenças já pontuadas, o governo Chávez tem diante de si um cenário internacional radicalmente distinto daquele enfrentado pelos apoiadores da Unidade Popular, trinta anos antes. Não existe mais o mundo bipolarizado da Guerra Fria e as condições de barganha com a potência dominante são muito mais difíceis.

Há uma nova situação internacional, muito mais adversa, que permite aos Estados Unidos assumirem o comando das principais alavancas de poder capitalista, ao mudar o modo de operação da economia planetária, via restauração da centralidade do dólar no sistema monetário internacional. Essa forma de liderança permite um fortalecimento de sua posição imperial, dada a assimetria de seu poder militar, financeiro e tecnológico em relação aos demais países.

Nos tempos de Allende, a existência da União Soviética, embora muito mais fraca que os Estados Unidos em vários aspectos, contrabalançava aquele poder imperial. Além disso, o

---

[6] Entrevista a Marta Harnecker. *Hugo Chávez Frias, un hombre, un pueblo*, Caracas, 2003, p.28.

capitalismo do início da década de 1970 encontrava-se no final de um longo ciclo expansionista, que tivera início com o fim da Segunda Guerra Mundial, em 1945. Chávez, por sua vez, tem de se haver com uma economia mundial muito mais financeirizada, caracterizada por oscilações bruscas e com poucos pontos de apoio internacionais para empreender uma guinada mais radical.

Por fim, outra distinção fundamental entre a conjuntura existente entre os tempos de Allende e os de Chávez reside na crescente influência dos meios de comunicação sobre os âmbitos econômico, social, político e cultural da sociedade. A importância do embate nesse terreno passou a ser decisiva, pela capacidade que a mídia tem de ordenar a própria vida social. Partindo-se dessa perspectiva, a opção de Chávez em concentrar-se na disputa política – incluindo aí o que se chama de sua "dimensão simbólica" – não parece ser uma escolha aleatória, mas uma estratégia bem articulada, a partir da análise da situação que encontrou ao chegar ao governo.

Os rumos do governo, no entanto, acabam sendo pautados preferencialmente pelas exigências da conjuntura do que por amplas definições estratégicas. Falando de modo mais claro, é a política concreta que impõe o ritmo da batalha cotidiana do governo venezuelano, apesar de Chávez ser um dirigente que, desde sua eleição, vem desenvolvendo uma clara opção por abrir-se cada vez mais à esquerda.

O CONTINENTE EM BUSCA DE DEFINIÇÕES

A conjuntura continental na qual Chávez navega, após uma década, é distinta da que encontrou em sua eleição inicial, em 1998. Na época, não se podia perceber que a primeira vitória do ex-coronel venezuelano, em 6 de dezembro de 1998, representasse algo mais do que um fenômeno local. O país se arrastava havia uma década e meia em um caos econômico de proporções gigantescas, que gerou em sua esteira uma aguda crise social, política e institucional.

Naqueles dias, viviam-se as derradeiras ondas da ofensiva neoliberal. No Brasil, Fernando Henrique Cardoso acabara de ser eleito para o segundo mandato; na Argentina, Carlos Menem iniciava seu último ano na Casa Rosada, ainda com a moeda nacional indexada ao dólar; no México, Ernesto Zedillo seguia as trilhas de Carlos Salinas de Gortari, após a quebra do país em 1994; no Peru, Alberto Fujimori entrava no derradeiro biênio de sua gestão; e o general Hugo Banzer governava com mão de ferro a Bolívia, reprimindo conflitos sociais que ganhariam força irrefreável a partir de 2001.

Embora sofresse solavancos e tentativas de golpe, a eleição de Chávez era vista no início como pouco mais que uma curiosidade política. Uma exceção em um país singular.

Uma década depois, a situação tornou-se diversa. Em meio a uma ofensiva imperial de largas proporções, pilotada pelos falcões do governo de George W. Bush, a experiência venezuelana encontrou pontos de apoio e de diálogo na América do Sul. Isso não se dá apenas na forma de governos com diretrizes assemelhadas, mas por manifestações de descontentamento popular com o modelo em voga na década de 1990. Após as eleições de Nestor Kirchner na Argentina, de Lula no Brasil e de Tabaré Vasquez no Uruguai, entre 2001 e 2004, percebeu-se que havia uma onda antiliberal, materializada também em um incremento das mobilizações sociais no Peru e na Bolívia. Mesmo na América Central, região menos permeável a mudanças, pela influência maior dos Estados Unidos, o descontentamento com as reformas estruturais balizadas pelo Consenso de Washington alargaram os pontos de contato com o governo de Caracas. Uma nova rodada de eleições continentais – iniciada com a vitória de Evo Morales na Bolívia em dezembro de 2005 – confirmou a tendência geral. De lá até a eleição de Fernando Lugo, no Paraguai, em 2008, mais onze países vivenciaram disputas presidenciais. Pela ordem foram Chile, Costa Rica, Haiti, Colômbia, Peru, México, Brasil, Nicarágua, Honduras, Equador e Venezuela. Se tivermos uma métrica bem elástica, podemos dizer que Bolívia, Venezuela, Equador e Nicarágua conduziram líderes de esquerda ao governo. Argentina, Brasil, Uruguai, Paraguai e Chile têm mandatários que oscilam entre uma esquerda moderada e o centro. Um terceiro time enfeixa o espectro compreendido entre o centro-direita e a direita, como Costa Rica, Colômbia, México e Honduras. O Peru e o Haiti podem engrossar este terceiro bloco. Vale frisar que mesmo nos países em que a esquerda foi derrotada – os casos mais evidentes são Peru, Colômbia e México –, ela teve um crescimento expressivo nesta rodada eleitoral.

O jogo não é simples, porque até agora só a Bolívia e a Venezuela deram mostras de buscar uma efetiva mudança do modelo econômico, mediante a nacionalização e a possível reestatização de empresas privatizadas. O maior enfrentamento com o mundo das finanças aconteceu na Argentina, com a reestruturação forçada da dívida pública, em 2003. A Venezuela consegue valer-se de seu imenso excedente petroleiro para recobrar a iniciativa estatal, em especial em políticas sociais.

Do ponto de vista econômico, o governo de Hugo Chávez é bastante cauteloso, em relação a seu discurso inflamado. Na seara política, sua audácia criou condições para uma integração continental mais alicerçada nos Estados nacionais do que nas chamadas leis de mercado.

No tópico brasileiro, a eleição de Lula, que em quase nada contesta o modelo vigente, cria uma situação curiosa. O peso do país no continente – um terço do PIB latino-americano – faz que qualquer movimentação, por menor que seja, tenha imensas repercussões. É o caso dos comportamentos diante da Bolívia e da Venezuela em situações delicadas. Aliás, é interessante examinar os PIBs para balizar o exame da geopolítica continental. Segundo dados do Banco Mundial,[7] pode-se perceber que, apesar de toda a radicalização de Evo Morales, a Bolívia responde por míseros 0,4% das riquezas produzidas entre o rio Grande e a Terra do Fogo. Chávez, por sua vez, está montado em 5,7% do total. E a moratória de Kirchner atingiu uma economia que responde por 7,5% das riquezas continentais. É pouco, apesar de tudo.

---

[7] http://www.sei.ba.gov.br/pib/outros_paises/xls/pib_outrospaises_pib_al_estrutura.xls

Se colocarmos em uma mesma diretriz o espectro que vai da esquerda até o centro (Bolívia, Venezuela, Argentina, Brasil, Uruguai, Nicarágua, Equador, Paraguai e Chile), veremos que, juntos, esses países contam com 54% do PIB continental. Do outro lado, o México (31,6% das riquezas regionais) ajuda a equilibrar o jogo, em aliança com a Colômbia, o Peru e outros. Essa soma é um mero exercício aritmético, pois não há, nem de longe, um confronto entre blocos claramente definidos na região. Mas a conta mostra o potencial da política de integração entre os países e o peso relativo de cada economia. Se pensarmos que Cuba desafia abertamente o poder imperial dos Estados Unidos há cinco décadas, veremos que, em certas circunstâncias, a coragem política conta mais que o gigantismo econômico.

O certo é que qualquer proposta de integração sul-americana depende fundamentalmente de três atores. São eles a Venezuela pela ousadia, a Argentina pela coragem e o Brasil pelo tamanho. Os outros países, lamentavelmente, provocarão poucos abalos diretos no modelo vigente. O que casos como o boliviano podem gerar é o efeito-exemplo de ações vitoriosas, que, em tese, podem ser imitadas em outras partes.

De outra parte, as pressões são grandes. A interferência de Washington, ao estabelecer tratados de livre comércio com Chile, Peru e Colômbia, acarretou a inviabilidade da Comunidade Andina de Nações (CAN), em 2006, com a saída da Venezuela.

Mais importante do que verificar o peso de cada país diante dos demais é ver que nenhum deles, desde 1998, encontrou uma rota de saída segura para o modelo neoliberal. Conseguiram realizar enfrentamentos pontuais, mas não lograram construir um projeto questionando os cânones mercadistas no atacado. Não se conseguiu ainda extrair uma teoria desses fenômenos novos no continente, após a quebra do socialismo real no início da década de 1990. Não há direção e nem bússola predefinidas.

O Estado a que chegamos

Chávez vale-se dos preços internacionais excepcionalmente altos do petróleo para ampliar programas sociais, fortalecer o poder de intervenção do Estado, reestatizar empresas antes privatizadas e dar impulso à sua agenda internacional. Ao fazer isso, descola-se da ortodoxia liberal. Se abstrairmos seu discurso, sua ação interna se mostrará como caudatária de uma espécie de *nacional desenvolvimentismo petroleiro*. Embora os tempos sejam outros, a conduta da administração venezuelana guarda semelhança com as experiências capitalistas de fortalecimento do Estado existentes em parte da América Latina entre os anos 1940 e 1960.

Tal conduta, em um meio internacional adverso e sem referências maiores para a esquerda, é muito positiva. Chávez não se adaptou ou se amoldou ao modelo hegemônico. Seu governo, até aqui, mudou a face política da América Latina.

Possivelmente o continente não tenha vivido um período tão favorável aos movimentos populares desde conjuntura aberta em 1952, com a revolução boliviana, que resultou na instalação do governo reformista de Víctor Paz Estenssoro (1952-1956). Este ciclo passou pela eleição do nacionalista Jacobo Árbenz, na Guatemala em 1953, pela derrubada do ditador Marcos Pérez Jiménez, na Venezuela em 1958, pelo avanço de mobilizações populares no Brasil e teve seu ponto alto na Revolução Cubana, em 1959. Essa conjuntura se fecha com o início do ciclo de ditaduras militares, cujo marco definidor acontece no Brasil, em 1964, e se acentua com os golpes militares no Chile, em 1973, e na Argentina, em 1976. Daí em diante, nunca tantos povos se mobilizaram por uma mudança de rumos.

Continuemos agora com a ideia já desenvolvida no primeiro capítulo deste livro. Apesar dos passos dados, ainda não aconteceu uma *revolução* na Venezuela. Mas há alterações importantes. Na vida política, os avanços já foram descritos. No aspecto social, a elevação dos padrões de vida da população, bem como aumentos de salários e de geração de empregos são expressivos. Há um fortalecimento nítido do caráter público do Estado, em favor das maiorias empobrecidas, e de seu poder de intervenção na economia. O próximo passo é investir em sua democratização.

Apontar as reais conquistas da era Chávez não pode tirar de cena suas debilidades. O Estado ainda não mudou suas características burguesas – para usarmos um termo preciso – e os serviços públicos ainda são precários. Democratizá-los e torná-los realmente públicos não é tarefa das mais fáceis. Envolve intensa luta política, numa situação em que o poder econômico continua nas mãos dos integrantes do topo da pirâmide social e de seus sócios internacionais.

Não é totalmente clara a natureza do processo político chavista, até porque seu programa tampouco é cristalino. Construído a quente, ele se apresenta vagamente como uma espécie de nacionalismo popular, ao mesmo tempo que prega a formação de grande integração latino-americana.

Em 13 de abril de 2003, Chávez liderou um megacomício na avenida Libertador, no centro de Caracas. Em seu discurso, havia pelo menos uma frase marcante: "Para que as pessoas possam ter três refeições diárias na América Latina, há que se fazer uma revolução!"

As pessoas estão se alimentando, se educando e vivendo melhor na Venezuela. Há também um processo político *sui generis*, que poderá levar a uma transformação profunda na sociedade. Seus rumos são imprevisíveis. Mas se o curso desse processo não for interrompido, ele poderá desencadear uma verdadeira, estrutural e radical *revolução venezuelana*.

19. Inconclusões

O processo político venezuelano continua aberto. As análises sérias sobre seu desenvolvimento são forçosamente inconclusas. Talvez a melhor síntese possível sobre o tema esteja na expressão "Por ahora", vocalizada por Hugo Chávez, após ser derrotado na tentativa de tomar o poder na ponta das baionetas, em fevereiro de 1992. Assim, este livro está concluído *por enquanto*... A possibilidade de parte das informações contidas nestas páginas envelhecer em um prazo curto é grande.

Este volume foi concluído quando os primeiros efeitos da crise econômica iniciada nas hipotecas residenciais dos Estados Unidos manifestavam-se na América Latina. O desarranjo econômico entre a especulação financeira e o setor produtivo daquele país é profundo. Uma de suas marcas é a queda acentuada dos preços internacionais das *commodities*, principal modalidade de produtos de exportação do continente. A especulação em tais produtos tornou-se opção para grandes investidores quando a taxa de juros norte-americana caiu sensivelmente.

As incertezas estão no ar. Apesar da eleição de governos embalados em campanhas que se opunham às chamadas reformas neoliberais, a partir de 1998, o fato é que nenhum deles mudou radicalmente os modelos de desenvolvimento então vigentes. Alguns exemplos são claros: soja, cana, carne e minérios *in natura* ainda dominam a pauta de exportações brasileira, carne e trigo definem as vendas da Argentina ao exterior, gás e soja ordenam o comércio boliviano com outros países, cobre e pescados ainda são o que o Chile tem de melhor para comercializar e a economia venezuelana mantém-se dependente das exportações de petróleo.

Uma onda especulativa internacional nos preços de tais produtos, entre 2004 e 2008, produziu seguidas elevações no PIB de cada país e superávits nas balanças comerciais. Se tudo corria aparentemente bem na economia, não havia por que colocar na agenda mudanças significativas nas matrizes produtivas nacionais. O preço do petróleo, já mencionado páginas atrás, conheceu sucessivas altas, até bater os US$ 150 por barril em julho de 2008. Em quase toda a América Latina, o aumento das receitas de exportação possibilitou expansão de crédito, melhorias no padrão de vida das populações, elevação de gastos sociais e alta popularidade para os novos governantes.

A partir da segunda quinzena de setembro de 2008, a bolha internacional desinflou. Especuladores que defendiam suas posições em *commodities* buscaram cobrir rombos no mercado doméstico dos Estados Unidos, onde sequências de falências financeiras e bancárias geraram insegurança para os especuladores. Num segundo momento, a fuga de capitais dos países emergentes dirigiu-se para investimentos em dólar e em títulos de risco próximo a zero, como os do governo estadunidense.

A saída de capitais e o naufrágio da especulação em *commodities* tiveram seu efeito mais espetacular na queda dos preços do petróleo. Mesmo as previsões mais pessimistas, feitas em setembro pela área econômica do governo venezuelano, mostraram-se equivocadas. A receita orçamentária para 2009, estabelecida naquele mês, dava conta de uma cotação média de US$ 60 o barril. Em dezembro de 2008, a unidade valia cerca de US$ 40.

A tradução prática é que haverá menos dinheiro para os programas sociais, responsáveis em grande medida por impulsionar a popularidade de Hugo Chávez, a partir de 2004. O fato pode se repetir em outros países. Além disso, a diplomacia petroleira do governo venezuelano, que lhe valeu amplo respaldo internacional, possivelmente terá seu raio de ação limitado.

A crise pode ter outro efeito, que não apenas o de arranhar economias e reputações. Os cânones em que se assentava o modelo neoliberal perderam legitimidade. O próprio papel do Estado é um exemplo disso. Desde pelos menos a década de 1980, este foi tido como o culpado por todos os males do mundo. Difundia-se que os tempos de intervencionismo e planejamento haviam ficado para trás, em favor do velho mito do mercado autorregulável.

A experiência histórica mostra ser justamente em períodos de depressão econômica que vários países conseguiram atuar no contraciclo de crises, mudando suas matrizes produtivas e obtendo novas inserções internacionais. Os exemplos clássicos estão na industrialização do Brasil, da Argentina e do México, a partir dos escombros da crise de 1929. Intensas lutas políticas no interior de cada país terminaram com a vitória de concepções nacional-desenvolvimentistas, concretização de maciças intervenções estatais na economia e adoção de eficientes processos de substituição de importações. Em poucas décadas, regiões caracterizadas como pouco mais que imensas fazendas agrícolas foram palco da instalação de indústrias modernas e de mudanças significativas no panorama da infraestrutura, com impulsos na eletrificação, nos transportes e em comunicações. O padrão agrário exportador e sua representação política em repúblicas oligárquicas foram substituídos por processos produtivos lastreados em cadeias fabris e governos nacionalistas.

No caso atual, possivelmente o ritmo de crescimento futuro do PIB venezuelano, em torno de 8% a partir de 2005, venha a cair. A oscilação dos preços do petróleo dificilmente levará o produto de volta a seu preço máximo.

Às incertezas na economia, no fim de 2008, soma-se uma crescente complexidade no cenário político interno, percebida desde o ano anterior. O novo sinal foi dado nas eleições para governadores e prefeitos, realizadas em novembro daquele ano. Os aliados de Chávez obtiveram uma expressiva vitória numérica. O governo ganhou a disputa em pelo menos dezoito dos 23 estados da federação. Cerca de 5,6 milhões de eleitores votaram em candidatos do PSUV, quase 1,2 milhão a mais dos apoiadores das propostas governistas no referendo de 2007. Após dez anos e catorze eleições, Chávez exibiu uma surpreendente margem de aprovação. Estavam em disputa 23 governos regionais, 328 prefeituras, além de 233 cadeiras em legislativos regionais. No entanto, tais resultados quantitativos não puderam esconder debilidades sérias na dinâmica política local, que ficaram claras desde pelo menos o referendo de 2007, como analisado no início deste livro. Naquela ocasião, as alterações propostas pelo oficialismo na Constituição do país foram derrotadas por pequena margem. Nas duas oportunidades, Chávez apostou na tática eleitoral que lhe garantiu doze vitórias entre 1998 e 2006: transformar as eleições em um plebiscito entre sua gestão e a "oposição golpista", segundo suas palavras. É algo arriscado. Dessa forma, qualquer embate reveste-se de características de tudo ou nada, colocando em questão todo o processo. Os candidatos governistas perderam em estados importantes. Zulia, já governado por Manuel Rosales por dois mandatos consecutivos, permaneceu com a oposição. Ali se situa o lago Maracaibo, responsável por quase 80% da produção petroleira nacional. Rosales, como se recorda, disputou as eleições presidenciais em 2006 e perdeu de Chávez por 62,8% a 36,9 %. Seu tento foi lograr unificar uma oposição de direita fragmentada e dispersa, após sucessivas derrotas. Outra derrota aconteceu no estado Miranda, região rica próxima a Caracas. Na região, várias denúncias de ineficiência administrativa e mesmo de corrupção no governo do ex-vice-presidente da República, Diosdado Cabello, levaram a chapa governista à lona. Na Alcaldia Mayor, o mais populoso dos quatro municípios que compõem Caracas, a derrota oficial foi duplamente simbólica. A primeira marca foi o insucesso do candidato chavista, Aristóbulo Isturiz. Como já visto, ele se notabilizou, em 1992, por defender solitariamente, na então Câmara dos Deputados, os jovens oficiais das Forças Armadas que, liderados por Chávez, tentaram derrubar o então presidente Carlos Andrés Perez. O segundo símbolo é a derrota em Petare, imenso bairro popular da capital e um dos focos da resistência ao golpe de 2002.

Apesar da abrangência de vários programas sociais, assustadores índices de violência e desordem administrativa redundaram em desgaste das gestões municipais dos apoiadores de Chávez. Continua o cenário de lixo nas ruas, iluminação pública deficiente e problemas na gestão das missões emergenciais.

O governo segue com o apoio da maioria da população, mas o cenário político apresenta-se mais matizado. A linha plebiscitária das disputas é algo que não leva em conta o surgimento, em 2007, de uma direita não golpista, evento comentado no segundo capítulo. A mudança não se deveu a uma alteração programática, mas pelo fato de a tática anti-institucional ter-se mostrado ineficaz. Se, até certo ponto, Chávez obteve sucesso em chamar seus detratores de "lacaios do Império", o aprofundamento da democracia no país – em grande parte devido à ação governamental – gerou uma sociedade cada vez mais complexa e nuançada. Ou seja, a dicotomia entre o bem e o mal está ficando para trás. Perderam força os setores golpistas, remanescentes da trapalhada palaciana de 2002. Por extrema inabilidade, fizeram o que Chávez queria e apresentaram-se como opositores de conquistas institucionais reais por parte da população. Ganham espaço novos atores, que buscam se apresentar como "modernos" e "eficientes". A situação exige maior tolerância e habilidade política. A interferência estadunidense na política interna da Venezuela aconteceu durante todo o século XX e no início deste. Mas esta nem sempre se valeu das mesmas formas de intervenção. Desde o início de 2009, os Estados Unidos não têm, pelo menos na aparência, um falcão da direita, como George W. Bush na Casa Branca. Barack Obama encarna uma espécie de "imperialismo cordial", diante do qual a luta política é forçada a se sofisticar. A história permanece sem fim. Tudo que se desmancha no ar pode ficar sólido novamente.

BIBLIOGRAFIA

ALTAMIRANO, Carlos. *Chile, anatomia de uma derrota*. São Paulo: Brasiliense, 1979.

ALTMAN, Breno. A refundação da Venezuela. *Reportagem* n.4, 1999.

ALVAREZ, Rosángel. Avances de la antipolítica en Venezuela: las elecciones del 6-D de 1998. *Revista Venezolana de Economia y Ciencias Sociales*, v.5, n.1, Caracas, 1999.

ANDERSON, John Lee. *Che Guevara, uma biografia*. Rio de Janeiro: Objetiva, 1997.

ARCARY, Valerio. *As esquinas perigosas da história*. São Paulo: Xamã, 2004.

ARVELAIZ, Maximilien (Org.). *Transformar a Venezuela, una utopia posible (foro en el gran anfiteatro de la Sorbonne)*, Caracas, 2001.

_____; PONCELEON, Temir Porras. US pushing for a coup d´Etat. *CoverAction Quartely*, n.72, Washington, 2002.

ARVELAIZ, Maximilien. *Utopia rearmed, Chávez and the venezuelan left*. MS in Latin American Policies, London, 2000.

AYALA, Carlos Capriles. *Pérez Jiménez y su tiempo*. Caracas: Consorcio de Ediciones Capriles, 1987.

BANDEIRA, Luiz Alberto M. *Brasil, Argentina e Estados Unidos, da Tríplice Aliança ao Mercosul*. Rio de Janeiro: Revan, 2003.

BASTIDAS, Haydée Miranda (Org.). *Documentos fundamentales de la historia de Venezuela (1770-1993)*. Caracas: Editorial CEC, Los libros de El Nacional, 1999.

BELLO, Andrés. *Pensamientos de Andrés Bello*. SOLA, R. J. Lovera de (Org.). Caracas: Alfadil Ediciones, 1994.

BETHELL, Leslie; ROXBOROUGH, Ian (Orgs.). *A América Latina entre a Segunda Guerra Mundial e a Guerra Fria*. São Paulo: Paz e Terra, 1991.

BILBAO, Luis. *Chávez y la Revolución Bolivariana*. Buenos Aires: Capital Intelectual, 2002.

BOLÍVAR, Simon. *Doctrina del Libertador.* VILA, Manuel Perez (Org.). Caracas: Fundación Biblioteca Ayacucho, 1994.

BRESSER PEREIRA, Luiz Carlos. *Macroeconomia da estagnação,* Crítica da ortodoxia convencional no Brasil pós-1994. São Paulo: Editora 34, 2007.

BOBBIO, N.; MATTEUCCI, N.; PASQUINO, G. *Dicionário de política.* Brasília: Editora UnB e LGE, 2004, p.980.

CABALLERO, Manuel. *Las crisis de Venezuela contemporânea.* Caracas: Monte Ávila Editores Latinoamericana, 1998.

CADENAS, José M. *El 27 de febrero contado por niños y adolescentes.* Caracas: Fondo Editorial Trópicos, 1995.

CANELÓN, Fidel; GONZALES, Franklin. El modelo político puntofijista, desarrollo, agotamiento y perspectiva. *Revista Venezolana de Análisis de Coyuntura,* v.V, n.1, Caracas, 1998.

CARQUEZ, Freddy. *Critica a la experiência histórica del 23 de enero.* Caracas: UCV, 1989.

CASANOVA, Pablo González (Org.). *América Latina, história de meio século.* Brasília: Editora UNB, 1977, v.2.

CASTAÑEDA, Jorge G. *A utopia desarmada.* São Paulo: Companhia das Letras, 1994.

CASTRO GOMES, Angela de. O populismo e as ciências sociais no Brasil: notas sobre a trajetória de um conceito. FERREIRA, Jorge (Org.). In: *O populismo e sua história, debate e crítica.* Rio de Janeiro: Civilização Brasileira, 2001.

CASTRO, Moacir Werneck de. *O libertador,* a vida de Simon Bolívar. Rio de Janeiro: Rocco, 1998.

CENSOS Nacionales de Población y Atlas Demográfico de la República Argentina. Resultados provisionales. Año 1991, Indec.

CHÁVEZ, Hugo et al. *Agenda alternativa bolivariana.*

_____. *El golpe fascista contra Venezuela* (coletânea de discursos). Havana: Ediciones Plaza, 2003.

_____. *Programa económico de transición, 1999-2000.* Caracas: Cordiplan, 1999.

CHOMSKY, Noam. *Ano 501,* a conquista continua. São Paulo: Scritta, 1993.

CONATEL. *Reglamento de radiodifusión sonora y televisión abierta comunitárias,* Caracas, 2001.

CONSTITUCIÓN de la República Bolivariana de Venezuela. Caracas: *Gaceta Oficial*, 2002.

CONTRERAS, Eleazar López. *El presidente Cipriano Castro*. Imprenta Nacional, 1986.

DAMAS, German Carrera (Org.). *Formación histórico-social de Venezuela*. Caracas: UCV, 1993.

_____. *El Culto a Bolívar:* esbozo para un estudio de la historia de las ideas en Venezuela. Caracas: Instituto de Antropologia e Historia da Universidade Central de Venezuela. 1969.

DAWSON, Frank Griffith. *A primeira crise da dívida latino-americana*. São Paulo: Editora 34, 1998.

ELLNER, Steve; HELLINGER, Daniel (Org.). *La política venezolana en la época de Chávez*. Caracas: Nueva Sociedad, 2003.

ELLNER, Steve. *El sindicalismo en Venezuela en el contexto democrático (1958-1994)*. Caracas: Fondo Editorial Tropykos, Universidad de Oriente, 1995.

FARRUCO. *Pablo Medina en entrevista*. Caracas: Ediciones Del Água Mansa, 1992.

FERNANDES, Bob. Crônica de um golpe. *CartaCapital*, n.186, 24 de abril de 2002.

FERREIRA, Carla. *Ideologia Bolivariana: as apropriações do legado de Simón Bolívar em uma experiência de povo em armas na Venezuela*. O caso da Guerra Federal (1858-1863), Porto Alegre, 2006. Dissertação (Mestrado) – IFCH, URGS.

FIORI, José Luís (Org.). *Estados e moedas no desenvolvimento das nações*. Petrópolis: Vozes 1999.

FRANCIA, Nestor. *Puente Llaguno, hablan las víctimas*. Caracas: Publicaciones Monfort, 2002.

FUKUYAMA, Francis. *O fim da história e o último homem*. Rio de Janeiro: Rocco, 1992.

FUNDO Monetário Internacional. *World Economic Outlook*, abril de 2003.

GARCÉS, Joan. *Allende e as armas da política*. São Paulo: Scritta, 1990.

GARCIA MÁRQUEZ, Gabriel. El enigma de los dos Chávez. *Revista Cambio*, Bogotá, jenero 1999.

_____. *O general em seu labirinto*. Rio de Janeiro: Record, 1989.

GARRIDO, Alberto. *De la revolución al gobierno Chávez. El Universal*, 6 de julio de 2002.

_____. *Guerrilla y conspiración militar en Venezuela*. Caracas: Fondo Editorial Nacional, 1999.

GOTT, Richard. *A la sombra del libertador*. Caracas: Imprenta Nacional, 2002.

GUERREIRO, Carlos Frederico; Castro Jr., Evaristo; Leitão, Luiz Ricardo. *O novo projeto histórico das maiorias*. Rio de Janeiro: Oficina do Autor, 1999.

HARDY, José Toro. *Venezuela, 55 años de política económica, 1936-1991*. Editorial Panapo, 1992.

HARNECKER, Marta. *Hugo Chávez Frias, Un hombre, un pueblo* (entrevista). Havana: Mepla, 2002.

_____. *Militares junto al pueblo*. Caracas: Vadel Hermanos Editores, 2003.

HITCHENS, Christopher. *O julgamento de Kissinger*. São Paulo: Boitempo, 2002.

HOBSBAWM, Eric. *A era dos extremos*. São Paulo: Companhia das Letras, 1996.

KORNBLITH, Miriam. *Del puntofijismo a la Quinta República: Elecciones y democracia en Venezuela*. Exposição apresentada no forum "La democracia en América Latina: ¿viabilidad o colapso?". Bogotá: Departamento de Ciencia Política da Universidade dos Andes, 2003.

LAMPEDUSA, Giuseppe Tomasi di. *O leopardo*. São Paulo: Difel, 1961.

LANDER, Edgardo. *El proceso político en Venezuela entra en una encrucijada crítica*. Disponível em <http://www.rebelion.org/noticia.php?id=60884>.

_____. *Neoliberalismo, sociedad civil y democracia*. Caracas: UCV, 1995.

_____. *Venezuela: un diálogo por la inclusión social*.

_____. *Venezuelan social conflict in a global context*. Caracas, 2003.

LANDER, Luis E. (Org.). *Poder y Petróleo en Venezuela*. Caracas: Faces-UCV e Pdvsa, 2003.

LEY DE PESCA y acuacultura. Gaceta Oficial, Caracas, 2001.

LEY DE TIERRAS y desarrollo agrário. Gaceta Oficial, Caracas, 2001.

LEY ORGÁNICA de hidrocarburos. Gaceta Oficial, Caracas, 2001.

LÓPEZ MAYA, Margarita. *Populismo e inclusión en el caso del proyecto bolivariano*, 2004, inédito.

_____. Venezuela, la rebelión popular del 27 de febrero de 1989, resistencia a la modernidad? *Revista Venezolana de Economia y Ciencias Sociales*, n.5, abr.-set.1999.

LÖWY, Michel (Org.). *O marxismo na América Latina*. São Paulo: Fundação Perseu Abramo, 1999.

MANEIRO, Alfredo. *Notas políticas*. Caracas: Ediciones del Agua Mansa, 1986.

MANIGLIA, Teresa (Org.). *Una historia que és la suya*. Caracas: Imprenta Nacional, 2003.

MARINGONI, Gilberto. *A Venezuela que se inventa – poder, petróleo e intriga nos tempos de Chávez*. São Paulo: Fundação Perseu Abramo, 2004.

MIERES, Francisco et al. *PDVSA y el golpe*. Caracas: Editorial Fuentes, 2002.

MOLINA, José. Comportamiento electoral en Venezuela, cambio y continuidad. *Revista Venezolana de Economia y Ciencias Sociales*, v.6, n.3, Caracas, 2000.

MORÓN, Guillermo. *Breve historia contemporânea de Venezuela*. Cidade do México: Fondo de Cultura Económica, 1994.

OBJETIVO: Miraflores. Retratos de un país herido. Caracas: Cadena Capriles, 2002.

OPEC, *Annual statistical bulletin*, 2005. Disponível em <www.opec.org>.

OPEP, *Annual statistic bulletin*, 1999.

OTAIZA, Eliézer. *Las relaciones internacionales contemporáneas de las Fuerzas Armadas Venezolanas*. Caracas: Servício Grafico Digital, 2003.

Otálvora, Edgar. *La paz ramónica*. Caracas: Editorial Pomaire, 1994.

PALACIOS, Luis Carlos; Irene Niculescu. *Venezuela: acumulación sin crecimiento*. Consejo de Desarrollo Científico y Humanístico, Caracas: UCV, 1987.

PARELES, Pedro Miguel. La globalización y el petróleo venezolano. *Nueva Economia*, ano 6, n.8, abr. 1997, Caracas, Academia Nacional de Ciências Econômicas.

PARKER, Dick. Chávez y el chavismo: una aproximación. *Revista venezolana de economia y ciencias sociales*, v.6, jen.-abr. 2000.

PETKOFF, Teodoro. *Checoeslovaquia, el socialismo como problema*. Caracas: Monte Ávila Editores, 1990.

PRADO JR., Caio *A revolução brasileira*. São Paulo: Brasiliense, 1987.

Programa económico, Año 2000. Caracas: Ministerio de Planificación y Desarrollo, 2000.

QUINTERO, Rodolfo. *Antropología del petróleo*. 3.ed. Cidade do México: Siglo Veintiuno Editores, 1977.

RODRÍGUEZ, Simon. *Pensamientos de Simón Rodríguez*. MARTÍN, Glória (Org.). Caracas: Alfadil Ediciones 1995.

ROJAS, Alberto Müller. La nueva cara de la fuerza armada. *Revista Venezolana de Economia y Ciencias Sociales*, n.9, set.-dez. 2003.

ROVAI, Renato. *Midiático poder*. São Paulo, 2003. Dissertação (Mestrado em Ciências da Comunicação – ECA-USP.

SADER, Emir. *A vingança da história*. São Paulo: Boitempo, 2003.

_____. *O poder, cadê o poder*. São Paulo: Boitempo, 1997.

SONNTAG, Heinz; MAINGÓN, Thaís. *Venezuela: 4F-1992*. Caracas: Editorial Nueva Sociedad, 1992.

TAVARES, Maria da Conceição; FIORI, José Luís (Org.). *Poder e dinheiro*. 2.ed., Petrópolis: Vozes, 1997.

Teoria e Debate 53, mar./abr./maio2003, p.52.

Tudo sobre el control de cambio, folheto explicativo dos Ministérios das Finanças e da Comunicação, março de 2003.

VIOTTI DA COSTA, Emília. Sucessos e fracassos do mercado comum centro-americano: dilemas do neoliberalismo. *Projeto História*, São Paulo, dez. 2003.

WANLOXTEN, Gustavo et al. *El 4 de febrero, por ahora*. Caracas: Fuentes Editores, 1992.

WEISBROT, Mark; SANDOVAL, Luis. *La economia venezolana en tiempos de Chávez*. Washington: Center for Economic and Policy Research (www.cepr.net), 2008, p.2.

WILPERT, Gregory. *Coup against Chávez in Venezuela*. Caracas: Fundación Venezolana para la Justicia Global e Fundación por un Mundo Multipolar, 2003.

YERGUIN, Daniel. *O petróleo*, uma história de ganância, dinheiro e poder. São Paulo: Scritta, 1993.

ZAGO, Ângela. *La rebelión de Los Angeles*. 3.ed. Caracas: Warp Ediciones, 1998.

ENTREVISTAS

Albis Munõz em 17 de julho de 2003
Alexander Main em 16 de julho de 2003
Alfredo Mata em 12 de maio de 2002
Ali Rodríguez em 19 de julho de 2003
Andrés Izarra em 15 de junho de 2007
Andrés Medina em 12 de maio de 2002
Blanca Eekhout em 14 de abril de 2003
Denise Lobato Gentil em 9 de julho de 2008
Douglas Bravo em 19 de julho de 2003
Edgardo Lander em 10 de janeiro de 2003
Eduardo Piñate em 14 de julho de 2003
Eliézer Otaiza em 18 de abril de 2003
Fredy Balzan em 3 de maio de 2002
Fredy Bernal em 19 de abril de 2003
Gilberto Jiménez em 12 de maio de 2002
Gonçalo Sanches em 12 de maio de 2002
Hector Gutierrez em 13 de maio de 2002
Henry Nava em 14 de maio de 2002
Hugo Chávez (coletiva) em 11 de abril de 2003
Javier Barrios em 15 de maio de 2003
Jorge Giordani em 17 de julho de 2003
José Vicente Rangel em 15 de abril de 2003
Lidice Navas em 14 de maio de 2003
Luis Figueroa em 15 de maio de 2002
Luis Lander em 17 de julho de 2003
Manuel Cova em 18 de julho de 2003
Margarita López Maya em 17 de julho de 2003
Marisol Polanco em 14 de abril de 2003
Maximilien Arvelaiz em 20 de julho de 2003
Moisés Duran em 19 de julho de 2003
Omaira Rodríguez e diversos pais de alunos em 14 de abril de 2003
Rafael Vargas em 25 de abril e 16 de julho de 2003
Rodrigo Chávez em 15 de abril de 2002
Teodoro Petkoff em 16 de junho de 2007
William Izarra em 14 de julho de 2003

Sítios da internet

Órgãos oficiais e instituições

Assemblea Nacional (www.asambleanacional.gov.ve)

Banco Central da Venezuela (www.bcv.org.ve)

Centro de Estudios Unión Nueva Mayoría (http://www.nuevamayoria) com Índice de sítios do governo venezuelano (www.gksoft.com/govt/en/ve.html)

International Energy Association (www.iea.org)

Ministério das Finanças da Venezuela (www.mf.gov.ve)

Ministério do Planejamento e Desenvolvimento da Venezuela (www.mpd.gov.ve)

Movimiento al Socialismo (www.mas.org.ve)

Opep (www.opec.org)

Instituições privadas

Center for Strategic and International Studies (www.csis.org)

Finanzas.com

Fundação Polar (www.fpolar.org.ve)

Fundació Cidob, (www.cidob.org)

Venezuela Analítica (www.analitica.com/bitblioteca)

Jornais

El dia, Espanha (www.elmundo-eldia.com)

El Nacional, Venezuela (www.el-nacional.com)

El Universal, Venezuela (www.el-universal.com)

Folha de S. Paulo, Brasil (www.folha.uol.com.br/folha)

Le Monde Diplomatique, França (www.monde-diplomatique.fr)

New York Times, EUA (www.nyt.com)

O Estado de S. Paulo, Brasil (www.estadao.com.br)

TalCual, Venezuela (www.talcualdigital.com)

The Guardian, Inglaterra (www.guardian.co.uk)

Coleção Revoluções do Século XX
Direção de Emilia Viotti da Costa

A Revolução Alemã – Isabel Loureiro

A Revolução Boliviana – Everaldo de Oliveira Andrade

A Revolução Chinesa – Wladimir Pomar (org.)

A Revolução Cubana – Luís Fernando Ayerbe

A Revolução Guatemalteca – Greg Grandin

A Revolução Iraniana – Osvaldo Coggiola

As Revoluções Russas e o Socialismo Soviético – Daniel Aarão Reis Filho (Org.)

A Revolução Nicaraguense – Matilde Zimmermann

A Revolução Salvadorenha – Tommie Sue-Montgomery e Christine Wide

A Revolução Vietnamita – Paulo Fagundes Visentini

SOBRE O LIVRO

Formato: 10,5 x 19 cm
Mancha: 18,8 x 42,5 paicas
Tipologia: Minion 10,5/12,9
Papel: Pólen Soft 80 g/m² (miolo)
Cartão Supremo 250 g/m² (capa)
1ª edição: 2009
3ª reimpressão: 2018

EQUIPE DE REALIZAÇÃO

Edição de Texto
Nair Kayo (Preparação de original)
Regina Machado (Revisão)
Casa de Ideias (Atualização ortográfica)

Editoração Eletrônica
Casa de Ideias (Diagramação)

Impressão e Acabamento